JN440476

충남지역의 전설

송 관 용

머 리 말

오늘날은 스토리텔링의 시대이다. 문화콘텐츠 산업의 전반을 아우르는 아이콘으로서 스토리텔링은 우리 시대의 핵심 화두가 되고 있다. 문화 콘텐츠 산업인 영화나 게임 애니메이션 등의 성패를 좌우하는 것이 바로 스토리인 것이다.

관광분야에서도 스토리텔링의 효과는 중요하다. 한 관광지나 관광자원이 상품으로서 소비자에게 어필하기 위해서는 스토리가 빠져서는 안 된다. 이야기가 없는 관광상품은 전혀 사람들의 흥미를 끌지 못 한다. 이야기가 주는 감동과 재미와 환상이 사람들을 몰입하게 만들기 때문에 스토리는 관광객을 유인하는 관광상품의 가장 큰 유인요소가 되고 있다.

대부분의 관광분야에서 스토리텔링은 문화유산이 가지고 있는 이야기들에 주목하고 있다. 그 이야기들은 역사일 수도 있으며 신화일수도 있고 혹은 전설일 수도 있으며 민담일 수도 있다. 그런데 현재 전국적으로 혹은 국가적으로 관심을 갖고 추진하는 스토리텔링 개발의 주된 초점은 역사에 집중되어 있는 듯하다. 역사적 사실에 근거한 문화유산 위주의 스토리 개발이 주를 이루고 있고, 고증을 거쳐야만 그것이 이야기로서 관광객들에게 중요한 의미를 갖는다고 보고 있다. 그러나 필자는 스토리텔링이 진정 관광분야에서 그 역할을 담당하려면 역사적 사실 이외의 분야 다시 말해 신화와 전설이 가득 담긴 비사실적, 비역사적 전승문화에 우리의 관심이 충분히 집중되어야 한다고 본다.

필자는 오래전부터 충남지역의 전설에 담긴 스토리가 충남의 관광자원을 한층 풍성하게 만들어 줄 것이라 믿고 있다. 그래서 충남지역의 전설을 정리 혹은 발굴하는 작업을 진행해 오고 있다. 물론 충남지역의 전설이 이미 오래 전부터 채집되고 정리되어 책으로 발간되기도 하였다. 그러나 현재의 눈으로 오래전에 정리된 전설들을 읽어보면 언어적 측면에서 상당한 시대적 거리감을 느끼게 된다. 현재의 언어적 기준과 감각으로 소개되는 전설이 필요한 이유이다. 이런 이유로 필자는 충남지역의 전설들을 다시 정리하고자 한다. 그리고 그 전설들이 관광스토리텔링의 중요한 기초자원으로 활용될 수 있는 계기로 삼고자 한다.

2011년 5월

송 관 용

차 례

머리말 ― 3
1. 궁남지 ― 7
2. 문동교 ― 10
3. 백마강 ― 13
4. 사당산 ― 16
5. 삼강연 ― 19
6. 조석다리 ― 22
7. 족교리 ― 25
8. 석성리의 팥죽색 땅 ― 28
9. 미암사 쌀바위 ― 31
10. 원숭이 못 ― 34
11. 홍산 4층탑 ― 37
12. 망신산 말무덤 ― 40
13. 대조사 ― 43
14. 유장군 목상 ― 46
15. 은산 별신제 ― 49
16. 맹괭이 방죽 ― 51
17. 구름샘 ― 54
18. 진일포 ― 57
19. 엄대암 ― 60
20. 진터논 ― 63
21. 장군바위 ― 66
22. 조왕동 ― 69
23. 마티고개 ― 72
24. 향덕비 ― 75
25. 옥녀봉 탄금대 ― 78
26. 곰나루 ― 81
27. 용툼벙 ― 84

28. 남매탑 87
29. 노루목 91
30. 연미산 지네 94
31. 갑사 당산제 97
32. 쌀바위 100
33. 우금티 103
34. 두암 106
35. 장자못 109
36. 용못 112
37. 쇠뿔둠벙 115
38. 구린내 118
39. 보물리 정자나무 121
40. 공우탑 124
41. 은진 미륵 127
42. 수괭이 굴 130
43. 옥녀봉 133
44. 채운산 136
45. 미내다리 140
46. 닭다리 들 143
47. 거북산 146
48. 송죽골 149
49. 가는 샘 153
50. 불암산 도승 156
51. 성동의 은행나무 159
52. 아기장군 묘 161
53. 한골 164
54. 부인처면 167
55. 송불암 미륵불상 170
56. 개태사 174
57. 말고개와 여우고개 177
58. 상사바위 181
59. 을문 185

1 궁남지

부여읍 동남리에 궁남지라는 못이 있다. 이 못은 삼국사기에 의하면 무왕 35년에 대궐 남쪽에 못을 파고 물을 20리 밖에서 끌어들였으며 둘레에는 버드나무를 삼고 못 가운데에는 섬을 만들었다고 한다. 그러나 전설에 의하면 이 못은 무왕이 태어나기 이전부터 있었고 이 못에 대해 다음과 같은 이야기가 전해지고 있다.

옛날 백제 시대, 부여에 젊은 과부가 한 사람 살고 있었다. 그녀는 얼굴이 아름답고 마음씨가 고와서 누구에게나 호감을 샀고 또 행실이 반듯하여 아무도 그녀를 함부로 대하지 못했다.

그러나 하루는 밤이 되어 이 과부가 잠자리에 들었는데 자색 옷을 입은 한 젊은이가 방안에 들어오는 것이었다. 과부는 인기척을 느끼고 얼른 뭐라고 소리치려고 했는데 그 젊은이의 얼굴이 너무도 잘 생겨 아무런 말도 못하고 쳐다보기만 하고 있었다. 게다가 젊은이는 친근하게 미소를 지었는데 그것은 언젠가 누구한테선가 자주 보던 미소 같았다. 과부는 젊은이를 바라보다가 머리가 몽롱해지고 마치 꿈을 꾸고 있는 것 같았다. 그리하여 젊은 과부는 한 번도 본적이 없는 젊은이가 자기 옆에 와 눕는 것을 보면서 소리를 질러 쫓아내야 하는데 라고 생각을 하면서도 끝내 그러지를 못했다.

그날 밤부터 젊은이는 밤마다 그녀의 잠자리 속으로 살그머니 들어왔다가는 새벽녘에 어디론가 사라졌다. 그때마다 과부는 젊은이를 맞이하지 말아야지 하면서도 그러지를 못했다. 그리고 이런 일을 다른 사람들이 알까봐 겁을 내었다. 왜냐하면 혼자 사는 여자가 부모의 허락도 없이 외간 남자를 방안으로 맞아들인다는 것은 한없이 죄스런 일이었기 때문이다.

"이 일을 장차 어떻게 하면 좋을까" 젊은 과부는 젊은이가 밤마다 찾아오는 것이 싫지는 않으면서도 이렇게 걱정을 했다. 그렇다고 친구나 친척, 가족 누구에게도 이런 이야기를 털어 놓을 수도 없었다. 더구나 문제가 더욱 심각해진 것은 그녀의 배가 차츰 불러오기 시작했다는 것이었다. 그녀는 자신의 임신 사실에 크게 당혹했다. 어떻게 결혼도 하지 않고 아기를 밸 수 있단 말인가? 그녀는 마침내 친정아버지에게 모든 사실을 털어 놓고 말았다.

"그 사내가 어디 사는지도 모른단 말이지?"

"예"

"그것 참 이상한 일이구나!"

친정아버지도 처음엔 당혹스러워 좋은 방도가 떠오르질 않았다. 그러나 한참동안 입맛을 쩝쩝 다시더니 그 사내가 오늘 밤에도 다시 오는지를 물었고 딸은 그렇다고 대답했다. 그러자 그 아버지는 딸에게 그 젊은이가 다시 올 때 어떻게 하여야 하는지를 가르쳐 주었다.

"오늘밤 그 젊은이가 자고 있을 때 실을 바늘에 길게 꿰어서 그 바늘을 사나이의 옷자락에 꽂아 두어라. 그러면 내일 아침에 그 실을 따라 가보면 그 사나이가 어디로 가는지를 알게 될 거다.”

친정아버지는 이렇게 말하면서 바늘에 꿴 실을 실패에 있는 실과 이어 두라고 당부하였다. 그날 밤 젊은 과부는 친정아버지가 일러준 대로 바늘에 실을 꿰어 잠자고 있는 젊은이의 옷자락에 살며시 바늘을 꽂았다. 그랬더니 그 순간 젊은이가 대경실색 깨어서는 그 자리에서 일어나 급히 어디론가 달아나 버렸다.

이튿날 아침 젊은 과부는 바늘에 꿴 실이 간 곳을 찾아 갔더니 그것은 궁남지 속으로 들어가 있었다. 과부는 너무나 기이한 일이라고 생각하면서 실을 조금씩 조금씩 잡아당겼다. 그랬더니 이게 웬일인가? 실 끝에 달려 나오는 것은 사람이 아니라 큰 어룡이 아닌가? 놀랍게도 그 어룡의 허리에는 바늘이 꽂혀 있었다.

그로부터 몇 달 후 과부는 아들을 낳았다. 그런데 이 아이가 자라면서 마를 캐어 팔았는데 사람들은 이 아이를 서동이라고 불렀고 이 아이가 후에 백제 30대왕인 무왕이 되었다고 한다.

2 문동교

임천면 만사리에 문동교라는 다리가 있는데 이 다리에는 오래된 전설이 깃들어 있다.

1350여 년 전 당나라 장수 소정방이 백만 대군을 이끌고 바다를 건너 백제국을 침범하여 군산어구에서 금강을 거슬러 올라 전북 옥구군 나포에 이를 쯤에 날이 저물었다. 소정방은 그곳에서 하루 밤을 머물기로 하고 부하들에게 돛을 내리고 군영을 설치하라고 명하였다. 그리고는 늦은 저녁식사를 마친 군사들은 취침에 들었고 파수 보는 군사들은 경계를 섰다. 소정방도 군영을 둘러본 뒤 잠자리에 들었다. 여러 날을 항해한 끝이라 몹시 피곤했기 때문에 그는 곧 깊은 잠속에 빠졌다. 그런데 꿈속에서 백발이 성성하고 고귀하게 보이는 한 노인이 소정방을 찾아와 말했다.

"나는 오성산 산신령인데 네게 할 말이 있어서 왔노라. 네가 큰 군사를 몰아 백제를 쳐들어 왔으나 백제왕은 예사 사람이 아니니라. 더욱이 백제조정에 있는 신하들은 모두 뛰어난 인물들이다. 네 따위 같은 사람은 이 나라에 얼마든지 있다. 네가 이제라도 군사들을 데리고 너희 나라로 돌아간다면 너를 비롯한 군사들이 목숨을 보전할 수 있지만 그렇지 않으면 한 사람도 목숨을 건지기 어려울 것이다."

노인은 이렇게 말한 뒤 어디론지 홀연히 사라지고 말았다. 소정방은 깜짝 놀라 꿈을 깨었다. 소정방은 머릿속이 뒤숭숭해서 일어나 군막 밖으로 나갔다. 강물은 잔잔하고 산 너머에 걸린 달은 조용히 빛나고 있었다. 그는 온밤을 꼬박 뜬눈으로 지새우고 말았다. 다음날 아침 소정방은 부하들을 불러 모아놓고 머지않아 시작될 전쟁에서 최선을 다하도록 당부하였다.

당나라 군사들은 모두 다시 배에 올라 나포를 떠났다. 그들이 임천강 철산에 다다랐을 때 소정방은 전선의 뱃머리에 서서 산세를 살펴보고 있었다. 산세가 전보다 더 험한 것을 보며 소정방은 지난 밤 꿈을 생각했다. 불길한 예감이 들어 그런 생각을 뿌리치려고 애를 쓰며 사방을 살펴보다가 만사리 짙은 숲에서 금빛이 찬란한 금송아지가 울고 있는 것을 보았다.

"백제는 금은보화가 많은 나라라고 하더니 그 말이 맞는 모양이구나. 저런 신기한 광경이 있다니."

소정방은 그 넓은 당나라에서도 볼 수 없는 금송아지가 있는지라 배를 멈추게 하고 날쌘 군사 몇 명을 거느리고 육지로 쫓아올라가니 금송아지는 천천히 임천 뒷산으로 올라가고 있었다. 소정방은 급히 말을 몰았다. 그러나 금송아지를 따라갈 수가 없었다. 금송아지는 천천히 가는 듯 한데도 거리는 좀처럼 좁혀지지 않아 소정방은 초조해졌다. 그러다가 눈 깜박할 사이에 금송아지를 놓치고 말았다. 소정방은 군사들과 함께 금송아지가 달아난 쪽으로 계속 쫓아가니 조그만 다리 위에서 아이들이 노는 것을 발견하였다.

"애들아, 이쪽으로 지나간 금송아지를 보지 못했느냐?" 소정방은 급히 아이들에게 물었다. 아이들은 소정방을 물끄러미 바라보다가 그 중 한 아이가 대답하기를 "조금 전 저 쪽으로 갔는데요." 하고 임천읍내 쪽을 가리켰다.

소정방은 병사들에게 아이들이 가리킨 곳을 찾아보게 하였지만 병사들은 아무 것도 찾을 수가 없었다. 소 장군은 더 찾아보고 싶었지만 그냥 돌아섰다. 왜냐하면 지난 밤 꿈이 생각났기 때문이다. 금송아지를 잡지 못한 것이 한편으로는 섭섭했지만 또 한편으로는 백제군이 언제 습격을 해올지도 모른다는 생각이 들자 말을 돌려 돌아가게 되어 안심이 되기도 하였다. 그는 금송아지를 뒤쫓아 간 것이 부질없는 짓이고 그 금송아지가 어쩌면 지난 밤 꿈에 나타난 오성산신의 변신이었을 수도 있다는 것을 깨달았다. 그제야 그는 금송아지에 대한 욕심을 버리고 그의 군대에게 진군명령을 내렸다.

그 뒤 사람들은 소정방이 아이들에게 금송아지 간 곳을 물은 다리를 문동교라고 부르고 금송아지가 사라진 산을 금성산이라고 부르게 되었다.

3 백마강

부여에 있는 부소산 기슭을 감돌아 흐르는 금강줄기를 백마강이라고 하는데 이 강에는 다음과 같은 전설이 전해 오고 있다.

약 1350여 년 전 신라와 당의 연합군이 백제에 쳐들어왔다. 신라군은 탄현을 넘어 황산벌에서 백제군과 맞서고 당나라군은 금강하류에서부터 상류로 거슬러 올라와 규암 나루에까지 진군해 왔다. 당나라 장수 소정방은 그 다음 작전으로 그의 13만 대군을 배에 싣고 부여로 쳐들어가려고 했으나 뜻대로 되지 않았다. 그 이유는 강 위에 안개가 끼고 큰 바람이 불어 전선의 진군을 방해했기 때문이다. 소정방은 이 괴변에 고심했다. 왜냐하면 그의 군사들이 점점 전의를 잃어가고 있었기 때문이다. 그는 이 문제를 해결할 방도를 찾기 위해 궁리에 궁리를 거듭했지만 특별한 묘안이 떠오르질 않았다. 소정방은 다시 한 번 강을 따라 배를 몰아 진군을 하게 하였다. 그러자 이번에도 무서운 강풍이 몰아치며 진군하는 군사의 앞길을 가로막았다. 소정방이 몹시 고심하고 있는데 그의 부하 한 명이 점쟁이 한 사람을 데리고 왔다. 소정방은 점쟁이에게 강물이 사나와지는 까닭을 물었다. 점쟁이는 처음에는 소정방의 물음에 대답하기를 거부했지만 소정방의 호통에 겁을 먹고는 바로 대답하기 시작했다.

"이 강이 어떤 강인지 강의 내력을 말해 보거라." 소정방이 목소리를 높여 물었다.

"이 강에는 옛날부터 나라를 지키는 큰 용이 살고 있습니다." 겁먹은 점쟁이가 대답했다.

"그 용을 잡을 수 있는 방도가 있겠느냐?" 소정방이 물었다. 점쟁이는 머뭇거리기만 할 뿐 아무 말도 하지 않았다.

"그 용을 어떻게 잡을 수 있는지 묻고 있지 않느냐?" 소정방이 버럭 화를 내며 소리쳤다. 얼마 후 점쟁이가 자포자기한 듯 침묵을 깨고 대답했다. "용을 잡기 위해서는 백마를 미끼로 사용하시면 됩니다. 그 용은 흰 말을 좋아합니다."

소정방은 그 즉시 병사들에게 명령하여 쇠로 낚시 바늘과 낚시 줄을 만들게 했다. 병사들이 쇠로 만든 낚시 바늘과 낚시 줄을 대령하자 소정방은 강둑에 있는 한 바위에 올라 낚시 바늘에 백마를 달고 낚시 줄을 강물 속에 던져 넣었다. 미끼를 강물 속으로 던져 넣자마자 두 줄기 물결이 낚시를 드리운 곳으로 길게 다가왔고 곧 낚시 줄이 팽팽해졌다.

"옳지, 용이 미끼를 물었구나."

소정방은 회심의 미소를 지으며 낚시 줄을 힘차게 당기기 시작했다. 그러자 용은 필사적으로 몸부림치며 저항하기 시작했다. 용이 그렇게 저항하는 동안 하늘은 캄캄해지고 구름이 몰려오고 비가 내렸지만 무시무시한 돌풍도 자욱한 안개도 발생하지 않았다. 용이 전처럼 힘을 쓰지 못했던 것이다.

소정방은 힘이 부치자 부하들과 함께 온힘을 다해 낚시 줄을 잡아 당겼다. 용도 필사적으로 몸부림치고 있었다. 그러나 용은 마침내 힘이 다 하여 강가로 끌려 나오기 시작했고 용이 그 몸체를 물 위로 완전히 드러내자 하늘도 개이고 강물도 잠잠해졌다.

소정방은 이제 의기가 양양해 전 함대에 진군을 명령했다. 그의 군사들은 사기가 다시 충천해서 백제의 수도로 쳐들어갔고 승리를 거두어 오랜 역사를 지닌 백제를 멸망시키고 말았다.

그 후 사람들은 소정방이 용을 잡았던 바위를 조룡대라고 하고 그 강을 백마강이라 부르기 시작했다.

4 사당산

양화면 원당리에 사당산이라는 산이 있다. 이 산에는 해마다 음력 8월 17일이 되면 근처에 있는 마을은 물론이고 멀리 서천과 강 건너 전라도에 사는 아낙네들까지도 몰려와 하루를 즐기며 보내는데 사당산에는 이 모임과 관련한 전설이 깃들어 있다.

지금으로부터 1350여 년 전 백제의 의자왕은 신라를 쳐들어가 몇 개의 성을 빼앗자 교만해지기 시작했다. 그는 점점 쾌락에 몰두하게 됨에 따라 나라의 기강이 말이 아니게 되었고 충신들을 귀양 보내고 간신들만 불러들여 나라의 정사는 거들떠보지도 않게 되었다.

백제가 이럴 즈음 신라와 당나라의 연합군이 쳐들어 와 7백년의 역사를 가진 백제왕조는 쓰러지고 의자왕과 왕자들은 포로가 되었다. 그들이 당나라로 끌려간다는 소문이 곧 돌게 되자 백제 사람들은 모두 통곡을 했다. 심지어는 바른 말을 하다가 귀양을 갔던 충신들도 그 소식에 더 참을 수가 없었다. 이리하여 백제의 충성스런 무사들은 비밀리에 만나서 왕과 왕자를 구할 모의를 하였다. 그들은 당나라 군사들이 사당산 옆을 지나갈 때 기습공격을 하기로 작정했다. 사당산은 금강이 그 기슭을 지나가고 험준한 절벽 꼭대기는 높이가 200미터나 되어 오르기가 쉽지 않은 천연의 요새였다.

백제의 무사들은 사당산 뒤에 있는 목축골이라 불리는 골짜기에 그들의 말을 감추었고 그들 중 몇 명은 사당산 맞은편에 있는 원당산 숲 속에 숨어 망을 보았다.

백제 무사들은 왕과 왕자들을 구하는 일이 매우 어려운 일이라는 것을 알고 있었지만 자신들의 목숨을 버리고서라도 그렇게 하기로 마음먹었다. 그들은 또한 자신들의 계획이 실패로 돌아가면 각자 사방으로 흩어져 매년 8월 17일이 되면 다시 만나 후일의 거사를 의논하기로 했다. 이렇게 결의하면서 그들은 당나라군이 나타나기를 기다렸다.

이윽고 당나라 함대가 나타났다는 전갈이 왔다. 수 백 척의 전함들이 강을 따라 사당산을 향해 내려왔다. 백제의 무사들은 적의 전함들이 사당산 아래를 지나갈 때 모두 화살을 쏘며 공격을 시작했다.

불의의 공격에 당나라 군사들은 겁을 집어먹었고 많은 병사들이 쓰러졌다. 그러나 얼마 후 당나라 장수들은 정신을 가다듬었고 군사들을 강가에 상륙시켜 사당산의 백제 무사들을 공격하기 시작했다. 수 만 명의 당나라 군사들이 산을 올라왔고 백제 무사들은 그들을 향해 비 오듯 활을 쏘아댔다. 많은 당나라 군사들이 죽었지만 같은 수의 군사들이 여전히 계속 산을 올라왔다. 그러는 사이 이쪽 군사들도 절반 이상이 쓰러져 갔다.

적들은 점점 더 포위망을 좁혀왔고 살아남은 백제 무사들의 수도 이제 얼마 남지 않았다. 그들은 할 수 없이 각자 말을 타고 제

각기 달아나기로 결정하고 이듬해 8월 17일에 서로 부인들을 시켜 사당산에서 만나 소식을 전하기로 하였다.

그리하여 이듬해 그 날이 오자 무사들의 부인네들은 사당산에 모여들기 시작했다. 그들은 남편들이 약속한 대로 몇 명은 남편의 소식을 전하러 오기도 했고 더러는 실종된 남편의 소식을 알려고 모여들기도 했다. 이 모임에서 부인네들은 음식을 가지고 서로 위로하며 간간이 한숨을 짓기도 하였다.

이런 일이 있은 뒤부터 무사들의 가족과 그 후손들은 그들의 조상들을 추억하고 그 치열했던 전투를 되새기기 위해 매년 모임을 가졌다고 한다.

5 삼강연

외산면 만수리를 흐르는 금강지류에 삼강연이라는 곳이 있는데 이곳에는 다음과 같은 전설이 있다.

옛날 1592년에 임진왜란이 일어났을 때였다. 왜적들은 우리나라 방방곡곡을 쳐들어와 사람들을 죽이고 마을을 불 지르며 노략질을 일삼았다. 여기에 놀란 우리나라 사람들은 왜적이 들어온다는 말만 들어도 피난길을 떠났다.

그런 왜적들이 부여 땅까지 들어와 인근 마을을 짓밟고 다니자 부여에 사는 한 젊은 내외도 왜적이 쳐들어온다는 소문을 듣고 늙은 어머니와 어린 아이 그리고 계집종과 함께 길을 떠났다. 그들은 정처 없이 걷고 또 걸어 발은 부르트고 물집이 생겼다. 그리하여 걸음은 점점 느려지고 지체되었고 더군다나 늙은 어머니와 어린아이가 있어서 발걸음은 더 느려졌다.

이렇게 걷던 이들 일행이 만수리를 지나는 금강 지류에 가까이 왔을 때 말을 타고 가던 어느 사람이 왜적들이 지금 만수리를 향해서 쳐들어오고 있다는 말을 전해 주었다.

"저런, 왜적이 뒤쫓아 오고 있다니 이 일을 어찌하면 좋단 말인가?"

젊은 부부는 어디로 가야 할지 난감했다. 그들 앞에는 강물이

가로막고 있고 뒤에는 왜적이 뒤쫓아 오고 있었다. 그런데다 식구들 모두 발이 부르터서 빨리 갈 수도 없었으니 말이다. 이 때 늙은 어머니는 간신히 발을 옮겨 움직이다가 자기 때문에 아들네까지 죽게 될지 모른다는 생각이 들었다. 그도 그럴 것이 왜적들은 다가오는데 아들네는 자기 때문에 점점 느려지고 있으니 그런 생각이 들지 않을 수 없었다. 그러다가 어머니는 자기가 죽는 것이 아들네를 위하여 좋은 일이라고 생각했다. 그러자 더 생각할 것도 없었다. 늙은 어머니는 앞에 흐르는 강물 속에 풍덩하고 몸을 던졌다.

"아니 어머니가 왜 저러시는 거야?"

아들은 처음에 어쩔 줄을 몰라 하다가 어머니를 구하려고 곧 강물 속으로 뛰어들었다. 강물 속에서 아들은 어머니를 구하려고 갖은 애를 다 썼으나 아무 소용이 없었다. 아들과 늙은 어머니는 순식간에 강물 속에 빠져죽고 말았다. 이런 모습을 지켜보고 있던 며느리는 그만 자기도 모르게 이를 악물었다.

"시어머니와 남편이 죽었으니 내가 혼자 살아서 무엇하랴!"

그리고는 며느리도 강물 속으로 뛰어들어 죽었다. 세 명의 가족이 몇 분 사이에 모두 죽어 버린 것이다. 그러고 보니 남은 사람이라고는 어린 아기와 계집종 밖에 없었다. 다른 사람들의 죽음을 눈앞에서 목격한 계집종은 혼자 살아남아서 무엇 하랴 하는 생각이 들었다. 그래서 그녀도 역시 그들을 쫓아 강물에 뛰어들기로 마음먹었다. 하지만 그러다가 그녀는 마음을 되돌렸다.

"나마저 죽으면 저 어린 아기는 누가 돌본단 말인가? 내 한 몸 죽는 것은 아까울 것이 없지만 주인님의 외아들을 두고 죽는다는 것은 도리가 아니다." 계집종은 이렇게 중얼거렸다.

그녀는 마침내 어린 아기를 안고 피난처를 찾아 산으로 올라갔다. 그 사이 왜적들은 만수리에 쳐들어와 닥치는 대로 사람을 죽이고 돌아갔다.

왜적들이 떠난 후 계집종은 아기를 데리고 마을로 돌아왔다. 아기는 계집종의 보호아래 무럭무럭 자랐고 후에 훌륭한 인물이 되어 나라의 일군이 되었다.

뒷날 사람들은 강물에 빠져 죽은 세 사람을 기려 그들이 빠져 죽은 곳을 삼강연이라 불렀는데 여기서 삼강연은 세 가지 충심을 뜻 하는 바 아들이 어머니를 위하여 따라 죽은 효심과 아내가 남편을 따라 죽은 정절 그리고 계집종이 주인의 어린애를 키워준 충성을 뜻한다.

6 조석다리

남면 신홍리에 조석다리라고 하는 다리가 있는데 이 다리를 조석다리라고 하는 내력은 다음과 같다.

옛날 백제국의 신홍리에 홀어머니를 모시고 살아가는 소년이 있었다. 그는 어머니의 품팔이로 그날그날을 근근이 살아가고 있었다. 그러나 소년은 어려운 처지와 달리 명랑하고 누구에게나 친절하고 마음씨가 고와서 누구한테나 호감을 샀다. 거기다가 홀어머니에 대한 효성이 지극해서 마을 사람들로부터 칭찬이 자자했다. 이런 아들을 가진 어머니는 여간 대견스럽고 자랑스럽지 않아서 아들을 위해서 하는 일이면 무슨 일이든지 서슴지 않았다.

어머니는 아무리 힘든 일이라도 몸을 아끼지 않고 일을 했다. 그러다가 어느 날 어머니는 병이 나서 자리에 눕게 되었다. 그리하여 그의 집은 아침저녁으로 끼니를 잇기도 어렵게 되었다. 소년의 어머니가 벌어놓은 양식은 사흘이 되지 않아서 바닥이 나고 말았기 때문이다.

소년은 할 수 없이 바가지를 들고 이웃 마을을 찾아다니며 밥을 얻어다가 병든 어머니를 공양했다. 그러나 이처럼 효성을 다해 어머니를 모셨건만 어머니의 병환은 점점 심해져만 갔다.

그런 어느 날 식욕을 잃어버린 소년의 어머니가 아들을 불러 말했다.

"얘야, 오늘은 어쩐지 물고기가 먹고 싶구나. 너 어디 가서 물고기 좀 잡아올 수 없겠니?" 그의 어머니는 아주 배가 고픈 듯이 입맛을 다시며 이렇게 말했지만 그녀는 어린 아들이 나가서 물고기를 잡아 오리라고는 생각되지 않았다.

"어머니 염려마세요. 홍안다리 밑에 물고기가 많이 놀던데 그리고 가서 잡아 올께요."

소년은 벌떡 일어나 체와 바가지를 가지고 개울로 달려갔다. 소년은 홍안다리 밑 개울가에 서서 물속을 들여다보았다. 맑은 시냇물에는 물고기 떼가 떼를 지어서 이리저리 다니고 있었다.

'옳지, 이놈들을 잡아다가 어머니에게 요리해 드려야겠구나' 이렇게 생각한 소년은 곧 개울물을 막은 다음 바가지로 물을 퍼내기 시작했다. 물을 푸는 일은 힘든 일이었지만 자기가 물고기를 잡아가지고 오기만을 기다리는 어머니 생각에 그런 것쯤은 문제가 아니었다. 소년은 물을 퍼내고 나서 체로 물고기를 가득 걸러내기 시작했다. 소년은 잠깐 동안에 한 사발이 넘게 물고기를 잡았다.

'이제 집에 가서 요리해 드려야지!'

이렇게 생각한 소년은 급히 집으로 돌아와 어머니가 하던 것처럼 고추장을 풀고 양념을 해서 매운탕을 끓였다. 그리고는 어머니께 갖다드리자 소년의 어머니는 이마에 땀까지 뻘뻘 흘리면서 매운탕을 정신없이 드시더니 나중에는 땀을 닦으며 "아, 맛있다. 정말 맛있어." 하셨다. 소년은 이런 어머니를 보자 기뻐했지만 한편으로는 진작 물고기를 잡아다가 찌게를 끓여드리지 못한 것을 후회했다. 그리고는 날마다 어머니를 위해 물고기를 잡기로 마음먹었다.

그리하여 그 다음 날부터 소년은 밥을 얻으러 이웃마을에 갔다가 돌아올 때는 이 다리 밑에서 꼭 물고기를 잡았다. 날마다 똑같은 자리에서 잡는 물고기가 늘 처음 때만큼 많이 잡힌다는 것은 신기한 일이었다. 소년은 물고기를 요리해서 어머니께 드리면 그 때마다 소년의 어머니는 아주 맛있게 먹었다. 시간이 지나면서 소년의 어머니는 조금씩 나아지더니 마침내는 병석에서 일어나게 되었다.

그 뒤에 이 다리를 효자가 어머니를 위해 아침저녁으로 물고기를 잡으러 다녔다고 해서 조석다리라고 부르게 되었다고 한다.

7 족교리

양화면에 족교리라고 하는 부락이 있는데 이 이름은 발다리라고 부른데서 비롯되었다고 한다.

옛날 백제시대에 족교리에 한 과부가 살고 있었다. 그녀는 비록 남편을 여의고 과부가 되었지만 남편이 남겨놓은 논밭이 많았고 먹고 살기에는 조금도 어렵지 않았다. 거기다가 외아들이지만 아들이 하나 있어서 그렇게 외롭지는 않았다. 그녀는 더러 남편이 생각날 때면 아들을 바라보면서 외로운 마음을 달래곤 하였다. 그녀에게는 아들이 더없이 소중했다.

그녀는 아들이 자라자 글방에 보냈고 아들은 열심히 공부를 하였다. 그러는 사이 아들은 어느덧 열여덟 살이 되었고 그의 어머니는 아들을 장가보내야겠다고 생각했다.

그리하여 그녀는 이웃마을로 며느리감을 구하러 찾아 다녔으나 마음에 드는 며느리감이 나타나지 않았다. 하루속히 며느리를 보고 싶은 그녀는 날이 갈수록 안달이 났다. 이 날도 그녀는 며느리감을 구하러 이웃마을로 갔다. 그녀는 색시가 있는 여자네 집에서 늦게까지 선을 보고 저녁때가 되어서 집으로 돌아오려고 그 집을 나섰다. 그런데 그녀가 동구 밖으로 채 나오기도 전에 갑자기 소나기가 퍼붓기 시작했다. 소나기가 너무 줄기차게 퍼부어서 그녀는 한 발짝을 더 갈 수 없었다.

그녀가 비를 피할 곳을 찾던 중 마침 전부터 알고 지내던 황서방네 집이 눈에 뜨였다. 그녀는 그 집으로 급히 달려가 비를 피해 갈 것을 청했고 곧 허락을 받았다. 처음에는 비가 그칠 때까지만 거기서 쉴 작정이었다. 하지만 비는 그칠 줄 모르고 계속 억수같이 퍼부었고 그러는 동안 어느새 처마 끝이 침침해지기 시작했다. 그녀는 이제 비를 맞고라도 집으로 돌아가려고 했지만 건너가야 할 마을의 개울물이 너무나 많이 불어서 도저히 길을 떠날 수가 없었다. 거기다가 황서방이 나서서 불어 넘치는 개울물을 건너는 것을 만류하는 바람에 그녀는 어쩔 수 없이 그 집에서 하룻밤을 머무르기로 하였다.

황서방도 아내를 여의고 어린 딸 하나와 함께 외롭게 살아가는 처지였다. 황서방과 과부는 처지가 비슷하여 상대방을 너무나 잘 이해하고 있었다. 그들은 이런 저런 얘기를 밤늦도록 하다가 새벽이 되어서야 잠들게 되었는데 한 방에서 서로 조금 떨어져 잠자리를 마련하였다. 이런 일이 있은 후 과부는 황서방을 잊을 수가 없어서 밤만 되면 아들이 잠들기를 기다렸다가 황서방 집으로 찾아갔다. 이런 일이 계속되는 사이 그 두 사람은 정이 얼마나 들었는지 추운 겨울날이나 찰흙 같은 한 밤중, 혹은 흘러가는 개울물도 그들이 만나는데 크게 문제될 것이 없었다. 그들은 이렇게 매일 같이 초저녁에서 다음날 새벽까지 밀회를 그치지 않았다.

그런 어느 날 밤 과부의 아들은 어머니가 어디를 나갔다가 이튿날 새벽에 집으로 돌아오는 것을 알게 되었다. 아들은 너무나 이상한 생각이 들어서 다음에는 어머니가 나갈 때 몰래 뒤를 쫓기로 했다. 다음 날 밤 아들은 어머니의 뒤를 밟아 황서방네 집까지 갔다. 그는 어머니가 그 집으로 들어가는 것을 보는 순간 어머니가 얼마나 외로우면 이 추운 밤에 발목을 적셔가며 황서방네 집으로 갈까 하는 생각이 들었다. 아들은 어머니의 외로움을 알게 된 것이다. 그 이튿날 저녁 아들은 어머니보다 먼저 개울가로 가 숨어서 어머니가 오기를 기다렸다. 그리고는 어머니가 오는 것을 보고는 얼른 달려가서 "어머니 제 등에 업히세요."하고 등을 내밀었다. 그의 어머니는 처음에 웬 남자가 나타나 깜짝 놀랐지만 자기 아들이라는 것을 알고는 아들의 등에 업히고 말았다. 아들은 그의 어머니를 업고 개울을 건너가 내려놓고 돌아왔다. 그리고 새벽녘에 다시 개울로 나가서는 어머니를 업고 개울을 건너 집으로 돌아왔다.

이런 일이 며칠 동안 계속되었다. 그러나 곧 아들은 어머니가 밤마다 시내를 건너는 것보다는 둘이 만날 수 있는 더 좋은 방도가 있음을 생각해 냈다. 아들은 황서방을 자기 집으로 청하여 자기 집에서 함께 살자고 청하였다. 황서방과 어머니는 아들의 제안에 당혹해서 처음에는 거절하였으나 마침내는 그 제안을 받아들여 한 식구가 되었다.

발다리라는 이름은 밤마다 아들이 맨발로 어머니를 업어서 시내를 건너게 해주었다고 해서 붙여진 이름인데 그 이름이 오늘날에는 한자로 변하여 족교리로 바뀌어져 있다.

8 석성리의 팔죽색 땅

석성면 석성리에 가면 흙빛이 온통 검붉은 것을 볼 수 있는데 이에 대해 다음과 같은 전설이 전해 오고 있다.

아주 오랜 옛날 이곳 석성고을에 마음씨 착한 딸이 하나 살고 있었는데 그 딸은 늙은 홀아비를 모시고 살아가는데 효성이 여간 아니어서 마을에서는 이 소녀의 효심에 대한 칭송이 자자했다. 소녀에게 삶은 매우 고달픈 하루 하루였다. 본래 농사지을 땅도 없었기 때문에 소녀는 산나물을 캐다가 말려 장에 나가 팔아 가지고 그것으로 끼니를 이어가고 있었다. 그래서 이들은 한 번도 여유 있게 쌀을 팔아다가 다른 것들을 산적도 없었고 밥을 마음껏 먹어 본 일도 없었다. 이런 어려운 환경 속에서 소녀는 어떻게 해서라도 남들처럼 살아보기 위하여 부지런히 일했다. 마을에서 품팔이 할 일이라도 생기면 그녀는 밤낮을 가리지 않고 일하고 종종 잠을 못자는 한이 있더라도 맡은 일을 신속하게 마무리 지었다. 소녀의 빠른 일솜씨를 아는 마을 사람들은 일거리만 있으면 너도나도 앞을 다투어 소녀에게 일을 맡기려고 하였다.

이날도 소녀는 이웃마을에 가서 하루 종일 베를 짜주었다. 소녀는 날이 저녁이 되어 더 이상 베를 짤 수 없을 만큼 날이 어두워졌을 때야 겨우 짜던 베를 멈추고 집으로 돌아갈 준비를 하였다.

소녀는 집으로 빨리 돌아가서 늙은 아버지에게 저녁을 지어 드리고 싶어 했다.

"얘야, 오늘이 동짓날이라 팥죽을 쑤었으니 좀 먹고 가려므나." 주인여자가 소녀가 갸륵했던지 이렇게 말했다.

남의 집에 폐를 끼치는 것을 싫어하는 소녀는 몇 번이나 사양을 하였으나 주인여자는 끝내 소녀를 놓지 않았다. 소녀는 할 수 없이 붙들리어 부엌에서 팥죽사발을 받게 되었는데 그 때 소녀는 팥죽그릇을 바라보기만 할 뿐 먹지를 않았다.

"식기 전에 어서 먹지 않고 무엇하니?"

소녀가 팥죽을 뜨지 않는 것이 이상했던지 주인여자는 이렇게 말했다. 소녀가 얼른 대답을 하지 못하고 있으려니까 주인여자는 다시 재촉을 했다.

"자, 어서 먹어 보렴!"

주인여자의 말이 떨어지자마자 소녀의 눈에 눈물이 핑 돌았다. 그러다가 눈물이 팥죽사발 위로 한방울 두방울 낙수물처럼 떨어졌다. 이를 본 주인여자가 다시 물었다.

"왜 그러니?"

"집에 혼자 계신 아버님 생각이 나서 팥죽을 못 먹겠어요." 소녀는 울먹이며 대답했다.

"오, 그렇구나! 하지만 걱정하지 말아라. 너의 아버지 몫으로 또 한 그릇 주면 되지 않느냐?" 하고 주인여자가 말했다.

그제서야 소녀는 팥죽을 먹기 시작했다. 이를 본 주인여자는 소녀를 기특하게 여기고 소녀가 집으로 돌아갈 때 팥죽을 큰 그릇에다 한 그릇 담아 주었다. 소녀는 팥죽을 맛있게 먹을 아버지를 생각하며 집을 향해 길을 떠났다. 살을 에일 듯 찬바람이 불어왔다. 소녀는 오들오들 떨면서 산길을 넘어야 했다. 소녀는 조심조심 어두운 산길을 걸어 내려오다가 그만 돌부리에 걸려 넘어졌다. 그 바람에 팥죽그릇이 떨어지고 팥죽은 길바닥에 쏟아졌다.

"어떻게 하면 좋지?"

소녀는 발을 동동 구르며 안타까워했지만 어찌할 수 없었다. 소녀는 눈물을 흘리며 다시 발걸음을 옮겼다. 집에 가까이 오자 아버지가 마중을 나와 있다가 시무룩한 딸의 표정을 발견하고는 그 까닭을 물었다. 소녀는 눈물을 흘리면서 조금 전에 있었던 일을 이야기했다.

"그 까짓것 가지고 뭘 그러냐. 먹은 셈 치면 되지 않니?" 소녀의 아버지는 아쉬운 표정이었지만 이렇게 소녀를 달랬다.

그런데 그 다음 날 소녀가 걸었던 산길에 놀라운 일이 벌어졌다. 팥죽을 쏟은 곳이 온통 검붉은 색으로 변해 있는 것이었다. 마을 사람들은 이 일에 처음에는 의아해 했지만 소녀의 팥죽 이야기를 듣고는 모두들 소녀의 효성에 감탄을 했다. 이런 일이 있은 뒤로 석성리의 땅은 모두 팥죽색으로 변하였다고 한다.

9 미암사 쌀바위

내산면 저동리에 미암사라는 절이 있다. 이 절은 백제 때 지은 절이라고 하는데 절 이름은 절 가까이에 있는 바위에서 쌀이 나오는 이야기에서 유래했다고 한다.

옛날 백제시대에 저동리의 한 바위 가까이에 노인 한 사람이 살고 있었다. 노인은 그 바위 근처에 불상을 하나 모셔 놓고 날마다 염불만 했다. 그는 염주를 굴리며 오로지 불공을 드리는 것에만 전념했다. 이렇게 불공만 드리다 보니 그는 양식이 떨어지는 줄도 몰랐다. 그는 당장 먹을 것이 없었다. 그래도 그는 불공드리는 것을 멈추지 않았다. 노인은 계속해서 불공을 드리면서 굶주림을 참고 있었다.

벌써 몇 끼를 굶었는지 모른다. 배가 거의 등에 붙을 만큼 말라서 이제 얼마 있지 않으면 죽을 것 같았다. 그런데도 노인은 염불을 멈추지 않고 계속하여 불공을 드렸다. 불공을 드리다가 쓰러져 죽는다고 해도 좋다고 생각했다.

그런 어느 날 밤이었다. 노인이 불공을 드리다가 문득 꿈을 꾸었다. 노인의 꿈속에서 금빛 찬란한 관음보살이 하늘에서 구름을 타고 한손에는 호로병을 들고 또 한손에는 연꽃을 들고 옷깃을 하늘하늘 나풀대면서 노인이 있는 곳으로 내려왔다. 노인이 관음보살을 보고는 깊이 큰 절을 하고 우러러 보자 관음보살은 그를 지그시 내려다보며 엷은 미소를 띠었다. 그러자 노인은 꼿꼿하게 앉아서 염불을 외우기 시작했는데 그 소리는 우렁차게 퍼져서 사방에 쩌렁쩌렁 울렸다. 이렇게 염불을 외우고 나자 관음보살은 다시 미소를 지으며 입을 열었다.

"그대가 불공을 드리는 정성이 너무나 지극하여 그대를 구하러 왔느니라."

"석가세존께서 그대를 불쌍히 여기고 나를 보내어 그대를 구하라고 하여 왔느니라." 관음보살이 말했다.

"고맙습니다. 관세음보살님."

노인은 다시 한 번 관음보살을 향해 큰 절을 올렸다. 그러자 관음보살은 호로병에서 쌀을 세 알 꺼내어 그것들을 바위 아래에 심었다. 그리고 나서 노인에게 다시 말하여

"지금부터 쌀이 이곳에서 나올테니 끼니를 지을 때는 이곳에 와 보도록 하여라." 그리고는 관음보살은 홀연히 사라졌다.

"관세음보살님!" 노인은 아쉬운 생각이 들어 이렇게 외치며 벌떡 일어났다.

꿈에서 깨어나 보니 참으로 이상한 생각이 들었다. 그게 비록 꿈이었지만 미소를 짓던 관음보살의 모습이 너무나 또렷하게 떠올랐다.

"참으로 이상한 꿈도 다 있구나!"

노인은 이렇게 중얼거리며 자리에서 일어났다. 그는 꿈에서 본

바위가 있는 곳으로 걸어갔다. 어슴푸레한 어둠 속에 바위는 검은 그림자를 드리우고 서 있었다. 노인은 가까이 가서 둘러보다가 바위 밑에 하얀 쌀이 소복하게 쌓인 것을 발견하고는 탄복을 금치 못 했다.

"아, 관세음보살님 말이 사실이구나!"

노인은 쌀을 담아가지고 돌아왔다. 그리고 다음날 아침에 다시 가보니 그곳에는 어제와 같이 또 쌀이 쌓여져 있었다. 그것은 점심때도 그랬고 저녁때도 그랬다. 노인은 이렇게 매 끼니때만 쌀을 담아가다가 슬그머니 욕심이 났다. 그는 하루에도 수십 번씩 그 바위 밑으로 갔다. 그리하여 며칠 만에 수십 섬의 쌀을 모았다. 그러나 그것으로 그의 운은 끝나고 말았다. 바위에서 쏟아져 나오던 쌀이 그만 멈추고 말았던 것이다. 이런 일이 있은 뒤부터 이 바위는 쌀바위라고 불려졌고 노인이 그곳에 세웠던 절은 미암사라고 불리게 되었다.

10 원숭이 못

초촌면 소사리에 조그마한 연못이 하나 있어 사람들은 이 연못 물을 약물이라고 생각하는데 이 못을 원숭이 못이라고 부르는 데는 다음과 같은 전설이 있기 때문이다.

옛날 백제시대에 이 연못 근처에 어떤 사냥꾼이 살고 있었다. 그는 날마다 이산 저산을 찾아다니며 사냥을 하여 근근이 살아가고 있었다. 이 날도 아침 일찍부터 그는 활을 들고 사냥을 나가 숲속을 달리고 산비탈을 기어오르면서 짐승을 찾고 있었다. 사냥꾼은 큰 멧돼지를 한 마리 잡을 참이었지만 이날따라 토끼 한 마리 구경할 수가 없었다. 그래도 그는 뭐라도 한 마리 잡으려고 빽빽한 숲을 헤치고 점점 더 나아갔지만 아무 것도 찾을 수가 없었다. 그러나 그가 마침내 사냥을 포기하고 집으로 돌아오려고 막 숲을 떠나려 하는데 숲속에서 이상한 소리가 들려왔다. "저게 무슨 소리지?" 순간적으로 이렇게 생각한 사냥꾼은 소리가 들린 곳을 향해 천천히 다가가서 조심스럽게 살펴보았다.

"아니 이게 뭐야? 정말 이상하게 생긴 짐승들이네!" 사냥꾼은 중얼거렸다. 똑같이 생긴 동물이 두 마리 있었는데 하나는 어미고 다른 하나는 새끼였다. 사람처럼 몸놀림을 하고 있는 어미도 귀여웠지만 어미 품에 안기어 있는 새끼는 여간 귀엽지가 않았다. 그것들은 원숭이였다. 사냥꾼은 그 원숭이들이 귀여운 나머지 그것들을 망태에 넣어 가지고 집으로 돌아왔다. 그런 뒤로 그는 원숭이와 같이 살았다. 사냥꾼과 원숭이는 같은 방에서 잠을 자고 음식도 같이 나누어 먹으면서 살았다. 이러는 사이에 원숭이는 주인을 알아보고 사냥꾼을 따랐다.

원숭이들은 사람들이 하는 짓을 곧잘 배워서 흉내를 내었다. 그뿐만 아니라 사냥꾼의 아기를 귀여워 해주기도 하고 같이 놀아주기도 하였다. 하루는 사냥꾼이 사냥을 나가고 그의 아내는 어린 아기를 방에 놔두고 빨래를 하러 냇가로 나갔다. 사람들이 빨래하는 모습을 지켜본 어미 원숭이는 그날따라 사냥꾼 아내의 흉내를 내고 싶어 했다. 어미 원숭이는 부엌으로 들어가 솥에 있는 뜨거운 물을 떠다가 밖으로 가지고 나와 그것을 젖먹이 어린 아기에게 부었다. 그러자 어린아이는 자지러지게 울었다.

어린 아기의 갑작스런 울음에 놀란 원숭이는 그 아기를 팔에 안고 자기 새끼와 함께 어디론가 달아났다. 사냥꾼 아내가 집으로 돌아와 보니 어린아이가 없어진 걸 알았다.

“우리 아기가 어디로 갔을까?” 사냥꾼의 아내는 의아해 하며 다른 방으로 가 보았으나 아기는 보이지 않았다. 그녀는 부엌으로 급히 달려갔지만 그곳에도 아이는 없었다. 사냥꾼의 아내는 정신없이 집안을 샅샅이 뒤져 보았지만 아이는 아무 곳에도 없었다. 그렇게 찾는 중에 그녀는 원숭이가 한 마리도 보이지 않는다는 것을 알아챘다.

‘아무래도 무슨 일이 있었던 모양이구나!’ 사냥꾼의 아내는 매우 초조해 하며 이렇게 생각을 하면서 어떻게 해야 좋을지 몰랐다. 때마침 그의 남편이 돌아왔다.

"우리 아기와 원숭이들이 없어졌어요." 사냥꾼의 아내가 울음 섞인 목소리로 말했다.

"아이가 없어지다니?" 사냥꾼은 두 눈을 휘둥그레 해가지고 아내를 바라보며 물었다. 사냥꾼의 아내는 빨래를 해 가지고 와서 보니까 아이와 원숭이가 없어졌다는 이야기를 했다. 사냥꾼은 아내의 이야기를 듣고 그의 아내와 함께 사방으로 찾아 다녔으나 아기는 찾을 길이 없었다.

그러던 어느 날 그들이 뒷산을 헤매 다니다가 산골짜기에서 이상한 소리를 들었다.

"저게 무슨 소리지?" 사냥꾼과 그의 아내는 서로에게 물었다. 그들은 그 소리가 원숭이들이 내는 소리라고 생각하고는 보물을 발견한 사람들처럼 소리 나는 곳으로 달려 내려갔다.

그들이 그 곳으로 가까이 다가가보니 산골짜기에 있는 연못가에 수많은 원숭이들이 모여 있었다. 그 원숭이들은 사냥꾼과 그 아내를 보자마자 모두 달아났다. 사냥꾼 부부가 급히 연못가로 가보니 그곳에는 어린아이만 남아 있었는데 아이가 데었던 곳은 말끔히 모두 나아 있었다. 사냥꾼 내외는 이상한 일도 다 있다고 생각하다가 그 연못이 틀림없이 약효가 있는 연못이라고 생각하기에 이르렀다. 아기에게 뜨거운 물을 부었던 원숭이는 자기의 잘못을 알고는 이곳으로 아기를 데리고 와 연못물로 화상을 치료하였던 것이다.

이런 일이 있은 후 사람들은 이 연못을 원숭이 못이라고 부르게 되었다.

11 홍산 4층탑

홍산면 홍양리 마을에 4층석탑이 있다. 이 탑은 본래 5층까지 쌓을 예정이었지만 완성이 되질 않았고 슬픈 전설만이 전해지고 있다.

옛날 홍산에 힘이 세기로 유명한 소년이 있었다. 그는 이동학이라는 소년으로 아무리 무거운 것이라도 쉽게 들 수 있었다.

이동학이 열여섯 살 때 마을에 씨름대회가 있었다. 마을에서 힘께나 쓰는 장정들은 물론 다른 마을에서까지 장정들이 몰려와 대회에 참가했다. 그야말로 씨름대회에는 많은 사람들까지 몰려와 응원을 하고 법석을 떨었다. 그도 그럴 것이 사람들 모두 홍분해서 누가 그 씨름대회에서 최종 승자가 되어 황소 한 마리를 차지하게 될 건지 궁금해 했기 때문이다.

이동학도 씨름대회에 나갔다. 그러나 그 대회에 나온 다른 장정들은 모두 스무 살은 넘은 장정들로 씨름대회에는 이력이 나있는 사람들이어서 이동학이 힘이 세다는 소문은 들었지만 열여섯 살 소년쯤이야 거들떠보지도 않았다. 그런데 이동학이 첫판에서 자기보다 키도 크고 나이도 훨씬 많은 장정을 물리치자 사람들의 눈은 모두 이동학에게 쏠렸다. 다음 두 번째 판에서도 이동학은 이겼고 세 번째 네 번째 판에서도 이동학은 계속 승리를 거뒀다. 결국에는 이동학이 최후의 승자가 되었다. 대회에 참가한 장정들 가운데에서 그 십대 소년을 당해낼 사람이 없었던 것이다. 그러자 거기에 모여 있던 사람들은 이동학을 불끈 들어 헹가래를 쳤다. 불끈불끈하고 높이 올라갈 때마다 이동학은 기쁨에 겨워 어쩔 줄을 몰랐다. 그 뿐만이 아니었다. 우승을 하고 차지한 소 등에 올라타고 씨름판을 한 바퀴 돌 때 그 기쁨이란 이루 말 할 수 없었다. 그가 씨름판을 도는 동안 구경꾼들은 박수를 치며 외쳤다.

"이동학이가 제일이다!" 누군가 소리쳤다.

"저 녀석이 언젠가는 큰일을 해낼 거야!"하고 사람들이 수근댔다.

이동학은 이런 소리를 들을 때는 세상이 모두 저를 위하여 있는 것만 같았다. 그런데 바로 이때였다. 많은 사람들 틈에서 키가 크고 마른 한 사람이 늠름하게 나오더니 이동학에게

"네가 그렇게 힘이 세다면 나를 한번 이겨 보거라."하고 외쳤다. 누구인지 살펴보니 그 사람이 자기 누나인 것을 알고는 이동학은 난처했다. 여자와 씨름을 하는 것도 우스운 일이었지만 최종 승자로서 씨름 도전을 하겠다고 덤비는 사람에게 안한다고 할 수도 없었다. 이동학은 누나와 시합을 하기로 하고 씨름판에 마주 섰다. 시합이 시작되자마자 이동학은 순식간에 누나의 허리띠를 잡고 업어치기를 시도하였다. 그러나 놀랍게도 공중에 높이 솟구쳤다가 모래판에 내동댕이쳐진 것은 누나가 아니라 이동학 이었다.

놀란 것은 누나의 승리를 지켜본 마을 사람들이었다.

"저런, 저 사람이 정말로 여자야 아니면 남자야? 저렇게 마른 사람이 어떻게 이동학을 공중으로 집어 던질 수 있지?"

"저 여자가 아무래도 사람은 아닌 것 같아!"

마을 사람들이 이렇게 수근 거릴 때 이동학은 누나가 너무 얄

미웠고 그 패배를 견딜 수 없었다.

"누나만 없다면 내가 이 세상에서 제일 일텐데" 이렇게 생각한 이동학은 누나를 죽일 결심을 했다. 이동학은 누나에게 내기를 하자고 했다. 누나도 동생에게 훈계를 주기 위해 기꺼이 그러자고 했다. 내기란 게임을 하는 것이었다. 그리고 그 게임에서 승자가 상대방을 죽이기로 하였다. 게임은 누나가 5층 석탑을 쌓고 동생은 그동안에 걸어서 서울에 갔다 오는 것이었다. 시합은 시작되었다. 누나는 석탑을 쌓기 시작했고 동생은 서울을 향해 길을 나섰다. 동생도 빨리 걸었지만 누나도 탑을 아주 빨리 쌓고 있었다. 며칠이 지나 누나는 4층까지 완성했고 한 층만을 남겨 두고 있었다. 그러나 동생은 여전히 집에서 좀 멀리 떨어진 곳에 있었다. 이동학이 걷는 속도는 빨랐지만 누나가 일하는 속도는 더 빨랐다. 이로 보아 누나가 게임에서 이기게 될 것은 분명해 보였다. 그러나 이것을 지켜 본 어머니는 딸자식 보다는 아들자식이 중할 것 같았다. 어머니는 팥죽을 팔팔 끓여서 딸에게 먹으라고 권했다. 딸은 처음에 팥죽을 먹지 않으려고 거절했으나 어머니가 너무 끈질기게 권하는 바람에 먹기로 했다. 그녀는 탑을 쌓고 있던 것을 잠시 멈추고 팥죽이 너무 뜨거워 식혀 먹느라 시간을 보냈다. 그녀가 뜨거운 팥죽을 식혀 먹는 그 사이 말할 필요도 없이 동생이 집에 도착하고 말았다. 결국 동생이 게임에서 이겼고 누나는 동생의 손에 죽임을 당했다. 그래서 석탑은 완성이 되지 못 하고 4층까지 밖에 쌓지 못 한 채 오늘날까지 전해지고 있다.

12 망신산 말무덤

구룡면 현암리에 망신산이라고 하는 산이 있다. 이 산은 백제 서부 사람들이 대궐이 있는 동쪽을 바라보고 절하던 곳이라고 해서 그렇게 불려왔다. 그런데 이 망신산 꼭대기에는 말무덤이 하나 전하여 오고 있는데 여기에 대한 전설은 다음과 같다.

옛날에 한 젊은이가 있었다. 그는 힘이 장사라 자기만한 사람을 한 손으로 불끈 들어 올릴 정도로 힘이 셌다. 어찌나 힘이 센지 누구도 그에게 필적할 수 없었다. 뿐만 아니라 젊은이는 몸이 바람처럼 재빠르기도 했다. 그래서 마을 사람들은 이 젊은이를 보면

"자네가 앞으로 무관이 되면 훌륭한 장수가 될 걸세." 하고 말하곤 했다.

이런 말을 들을 때면 젊은이는 사내로 태어난 것을 보람으로 여겼다. "앞으로 무술을 갈고 닦아 꼭 훌륭한 장수가 되어서 나라에 충성을 다해야겠다." 젊은이는 마음속으로 이렇게 다짐했다.

젊은이는 근 3년간을 쉬지 않고 활쏘기와 말타기를 하며 무술을 갈고 닦아 이제는 무술이라면 누구에게도 지지 않으리라는 자신이 들었다. 그럴 즈음에 나라에서는 무관을 뽑는 무술대회를 연다는 방을 붙였다. 젊은이는 즉시 대회에 응시하여 다른 참가자들과 실력을 겨루었다. 대회가 끝날 때쯤 칼쓰기나 활쏘기 그리고

말타기 등에서 그 누구도 젊은이를 당해낼 사람이 없다는 것이 분명해졌다. 임금님은 이 젊은이의 뛰어난 무술실력에 만족해서 그를 높은 무관직에 임명하고 상으로 백제에서 가장 훌륭한 명마 한 마리를 내려주었다.

"이 말을 타고 다니며 더욱 무예를 닦기 바란다." 임금님은 이렇게 말하며 젊은이의 등을 가볍게 두들겼다.

젊은이는 임금님의 후의에 감사해 하며 임금님께 더욱 충성을 다하리라 다짐하였다. 그 후로 그는 천리마를 타고 산과 들을 돌아다니며 부지런히 무술을 연마하기에 바빴다. 하루는 젊은이가 망신산 꼭대기를 향해 말을 달리고 있었다. 말은 젊은이가 박차를 가하자 미친 듯이 가시덤불을 뚫고 산비탈을 달려 오르기 시작했다. 천리마가 한창 달리고 있는데 뒤에서 '핑' 하면서 화살이 날아오는 소리를 듣고 젊은이가 뒤를 돌아보자 화살은 어느 새 머리 위를 날고 있었다.

"화살이 과녁에 꽂히기 전에 우리가 먼저 산꼭대기에 도착해야 돼!" 젊은이는 이렇게 말하며 천리마를 힘껏 몰았다, 천리마도 주인의 마음을 알았다는 듯이 즉시 더욱 속력을 내서 달렸다. 그러나 어찌된 일인지 산꼭대기에 가까이 이르렀을 때 과녁에 화살이 꽂히는 소리가 들린 것 같아 젊은이는 그 소리를 듣자 기운이 모두 빠져 버리는 것 같았다. 산꼭대기에 도착하자마자 젊은이는 말에서 내리며 화가 나 소리쳐,

"에잇 바보같은 놈! 조금만 더 빨리 왔어도 될 터인데. 이제 너

는 소용이 없으니 이 칼을 받아라."

젊은이는 즉시 허리에 찬 칼을 빼내어 말의 목을 내리쳤고 말은 쓰러져 죽었다. 젊은이는 쓰러진 말을 내려다보고는 몸을 돌려 서서히 과녁이 있는 곳으로 다가갔다. 그랬더니 과녁에는 화살이 하나도 꽂혀 있지 않은 것을 보고 이상하게 여기던 중 그때서야 화살이 날아와 과녁에 꽂혔다. 젊은이는 그제야 자신의 행동이 경솔했음을 깨닫고 후회했지만 이미 엎지른 물이었다. 젊은이는 죽은 천리마를 애석하게 여기며 그 곳에 말의 무덤을 큼직하게 만들어 주었다.

13 대조사

임천면 구교리에 있는 성흥산 남쪽에는 대조사라고 하는 절이 있다. 이 절은 백제 제24대 동성왕때 도승 겸익이 인도에 가서 5년 동안 법문을 배우고 와서 창건한 절이라고 한다.

백제시대에 지금의 대조사 건물 뒤에 큰 바위가 하나 서 있었다. 그 바위 아래 늙은 스님 한 분이 앉아 매일같이 불도를 닦고 있었다. 늙은 스님은 마음속으로 오직 부처만 생각하면서 염불을 하는 것을 유일한 즐거움으로 여기며 살아가고 있었다. 그런 스님에게 한 가지 소원이 있었다면 자기가 죽기 전에 미륵불을 하나 세우는 것이었다.

봄볕이 따사롭게 내리쬐는 어느 날 이 날도 스님은 바위 아래에서 염불을 시작해 잠시 후 무념무상의 경지에 이르렀다. 오랫동안 그런 무상의 상태로 정진하다가 스님은 다시 현실로 정신이 돌아와 따스한 봄 햇볕을 만끽했다. 스님은 그렇게 햇빛을 즐기던 중 그만 깜박 잠이 들어 꿈을 꾸었는데 멀리 서쪽으로부터 금빛 찬란한 새 한 마리가 날개를 하느작하느작 거리며 날아와 오늘날 절이 있는 곳에 와서 앉는 것이었다. 그런데 그 금빛 새는 땅에 내려앉자마자 금빛을 바위 표면에 뿌렸다. 그러자 바위가 차츰 금빛으로 변하더니 몇 분 후 그 바위는 거룩한 관음보살로 바뀌었고 그런 다음 그 관음보살은 다시 미륵보살로 변해갔다. 미륵보살은 금빛을 발하기 시작하더니 잠시 후에는 누구도 직접 그 빛을 바라볼 수 없을 만큼 찬란한 빛을 사방에 비추었다. 늙은 스님은 그 강한 금빛에 놀라서 손으로 눈을 가리면서 소리를 지르다가 꿈에서 번쩍 깨어났다. 스님은 참으로 이상한 꿈을 꾸었다고 생각하면서 자기 뒤에 있는 바위를 바라보았더니 아니 어찌된 일인가. 스님이 그처럼 간절하게 소망하던 미륵보살이 그의 눈앞에 서있는 것이 아닌가. 늙은 스님은 눈을 비비고 다시 바라보았지만 틀림없는 미륵이었다. 늙은 스님은 두려운 생각이 들었다. 그리고 한 편으로 한없이 고마운 생각이 들었다. 늙은 스님은 그 자리에 꿇어 엎드려 수없이 염불을 하였다. 한참 뒤에 염불을 마친 스님은 금빛 새를 생각하고 그 새를 찾아보았으나 금빛 새는 아무 곳에도 없었다.

미륵보살은 며칠간을 두고 찬란한 빛을 비추었다. 그 빛은 아주 멀리까지 비추어 사방에서 수많은 사람들이 그 빛을 보고 미륵보살을 보러 왔다. 미륵보살의 현란한 금빛에 눈이 부셔 사람들은 더욱 놀라워했다. 구경꾼들은 더 많이 미륵보살 앞으로 모여들었고 소문은 더욱 더 멀리 퍼져 나갔다.

한편 이 놀라운 사실은 인근 성의 성주에게까지 알려지게 되었고 뒤이어서 웅진에 있는 임금에게까지도 알려졌다. 임금은 한편으로 놀랍고 또 한편으로는 기쁘기도 하여 그 소문이 사실인지 확인도 할 겸 대신들을 보내어 미륵보살에 대하여 자세히 알아오도록 하였다. 임금도 이제 미륵보살에 관한 사실을 확인한 다음 조정에 명령하여 그곳에 큰 절을 짓게 하였다. 그리하여 큰 절이 백제 제26대 성왕 5년 8월에 시공되어 성왕 10년 4월 8일에 준공되었다고 한다. 그리고 그 준공식 자리에서는 대규모 불식이 거행되었고 절 이름은 금빛 새의 공을 기리기 위하여 대조사라 명명되었다고 한다.

14 유장군 목상

임천면 군사리에 산성이 있는데 이 산성을 성홍산성 혹은 가림산성이라고 부른다. 이 산성에는 유장군 사당이 있는데 여기에는 다음과 같은 이야기가 전해오고 있다.

옛날 백제말기에 유장군이라는 장수와 그의 삼남매가 각기 일만 명의 군사를 거느리고 성홍산성을 지키고 있었다. 그들은 모두 왕에 대한 충성심이 커서 아침저녁으로 왕궁 쪽을 향하여 절하고 충성을 다짐하곤 했다.

그런 어느 날 아침 이날도 멀리 떨어진 부여를 향해서 절을 하려고 하니 안개가 자욱하게 끼어서 부여가 보이지 않았다. 안개는 사흘 동안 계속 끼어서 그동안에는 부여를 볼 수가 없었다. 그런데 사흘 후 안개가 개인 뒤에 부여를 바라보니 부여는 이미 적군의 손아귀에 들어간 뒤여서 그들은 비통함을 감추지 못했다. 나라가 위급 시에 나라를 위해 싸우지도 못했다고 하는 것에 부끄러움을 느낀 그들 유장군과 삼남매는 절망과 수치심에 사로잡혀 부하군사들과 함께 그 자리에서 모두 배를 갈라 죽어버리고 말았다.

그 후 세상 사람들은 유장군과 삼남매를 기리기 위하여 그 곳에 사당을 짓고 나무로나마 유장군과 3남매의 상을 깎아 모시고 해마다 제사를 지내 주었다. 또한 사람들은 그들에게 존경심을 표하기 위해 사당 앞을 지나갈 때는 기꺼이 말에서 내려 지나갔고 가마를 타고 가는 사람은 가마에서 내려서 걸어갔다.

그러나 어느 해 하인들을 거느린 어떤 높은 벼슬아치가 말을 타고 사당 앞을 그냥 지나가려고 했다. 그랬더니 말의 발이 갑자기 확 꺾이면서 쓰러지고 벼슬아치도 말에서 고꾸라져 떨어졌다. 그의 하인 중 하나가 벼슬아치에게 유장군의 사당 앞을 말에서 내리지 않고 그냥 지나갔기 때문에 그런 일이 벌어졌다고 말하자 그는 벌컥 화를 내었다.

“뭐라고? 그런 일로 내가 벌을 받은 거라고?”

화가 난 벼슬아치는 그런 어리석은 소리는 하지도 말라고 하며 하인들을 시켜 말가죽을 벗겨서 유장군의 목상에다 뒤집어씌우고는 새끼로 꽁꽁 동여맨 다음 사당 밖으로 내동댕이치고는 집으로 돌아왔다. 그날 밤 벼슬아치의 꿈에 유장군이 나타나서,

“네가 무엄하게도 내 몸에 말가죽을 씌우고 사당 밖으로 내동댕이치다니 불손하기 짝이 없구나. 곧 달려가서 말가죽을 벗기고 목상을 제자리에 갖다 놓지 않으면 너의 집에 불행이 있을 터이니 그리 알아라.” 하고 호령을 했다.

벼슬아치는 비록 꿈속이지만 당신이 뭔데 불행이 있겠느냐고 하면서 대들었다. 그러니까 유장군은 눈을 부릅뜨고,

“네 큰 아들을 잡아가겠다.”하고 말했다.

그러자 “잡아갈 수 있으면 잡아가 보시지”라고 외치며 벼슬아치는 유장군의 말에 콧방귀도 뀌지 않고 더 사납게 대들었다. 벼슬

아치는 밤새도록 이렇게 꿈속에서 실랑이를 하다가 다음 날 아침에 잠에서 깼다. 벼슬아치가 일어나 큰 아들에게 가보니 큰 아들은 이미 죽어 있었다. 벼슬아치는 기가 막혔지만 그렇다고 유장군에게 굴복하고 싶진 않았다. 밤은 다시 찾아왔고 유장군도 꿈속에 다시 나타났다. 유장군은 여전히 자신의 목상을 사당 안 제자리에 갖다놓으라고 요구했다 그러면서 이번에도 그렇게 하지 않으면 둘째 아들을 잡아가겠다고 했다. 그래도 벼슬아치는 유장군의 요구에 따르는 것을 거부했다. 그리고 나서 다음 날 아침 벼슬아치는 둘째 아들이 자기 방에서 죽어 있는 것을 발견했다. 그제야 벼슬아치는 겁이 났다. 이렇게 계속 유장군에게 대들다가는 셋째 아들도 죽게 되고 그 뒤에는 자신도 목숨을 잃을 지도 모른다는 생각에 겁이 났다. 그래서 그는 마침내 유장군 사당이 있는 데로 돌아가서 유장군 목상에서 말가죽을 벗기고 그 목상을 사당 안에 들여 놓았다. 그 후로 세상 사람들은 유장군의 위엄에 탄복하고 그의 사당 앞에서 말조차 함부로 하지 않았다.

15 은산 별신제

은산면 은산리에 별신당이라는 사당이 있다. 이곳에서 3년에 한번씩 제식이 거행되는데 여기에는 다음과 같은 이야기가 전해 온다.

아득한 옛날 이곳 은산지방은 물론 부여 일대의 마을 곳곳에 많은 사람의 생명을 앗아가는 전염병이 퍼졌다. 어느 동네나 그 병을 치료하기 위해 마을 사람들은 약을 쓰고 굿도 하며 온갖 방법을 다 써봤지만 아무런 소용이 없었다. 하도 많은 사람이 죽어서 한 마을에 살아있는 사람은 손가락을 헤아릴 정도였다. 그 살아남은 사람 중에 아흔 살을 넘게 산 노인이 한 분 있었다. 어느 날 밤 그 노인은 꿈속에서 늙은 장군을 만났다. 그 장군은 황금으로 만든 투구를 쓰고 갑옷을 입고 있었는데 몸은 비록 늙었지만 그 기상은 늠름하기 짝이 없었다. 그 장군은 말에서 내리더니 노인 앞으로 다가와서 말했다.

"들어보아라. 나는 옛날 백제 때 장군이었다. 나는 나라를 위하여 벌인 큰 전투에서 싸워 이겨 당당하게 개선하였으나 간신들의 거짓 모함에 빠져 억울하게 죽음을 당해 이 근처에 묻히었노라. 그리고 이곳 은산은 옛날 큰 싸움터였기 때문에 많은 군사들이 죽은 곳이다. 패망한 나라의 장병으로서 나와 병사들은 갈 곳조차 없어서 통곡하지 않을 수가 없노라. 그러니 우리 유골을 수습하여 양지바른 곳에 묻어주면 그 공으로 지금 유행하고 있는 전염병을 물리쳐 주겠노라."

노인은 장군의 위풍에 질려 얼른 그러겠노라고 대답했다. 그러자 장군은 자기와 군사들이 묻혀있는 곳을 자세히 가르쳐주며 3년에 한번 씩 제사를 지내면 복을 내려주고 그렇지 못하면 재앙을 내리겠다고 했다. 노인은 장군이 내린 분부를 잊지 않겠다고 다짐했다. 그러자 장군은 백마를 타고 어디론가 사라졌다.

노인은 꿈에서 깨어났다. 그런데 꿈속에서의 일이 너무 생생하게 떠올랐다. 그는 날이 밝기를 기다려 마을 사람들을 불러놓고 꿈 이야기를 했다. 마을 사람들은 모두 그 이야기를 듣고 장군이 시킨 대로 하기로 하였다. 노인은 마을 사람들은 데리고 장군이 가르쳐 준 곳으로 갔다. 거기서 그는 하나도 빼놓지 않고 모든 유골을 찾아 낼 수 있었다. 그들은 양지바른 곳에 유골을 묻고 제사를 지냈다. 그 날 밤이었다. 장군은 기쁜 얼굴로 노인의 꿈에 또 나타났다.

"고맙다. 그동안 갈 곳을 몰라 방황하던 영혼들이 이제 편안한 휴식처를 갖게 되었으니 그 은혜는 참으로 크다. 그 보답으로 모든 마을의 전염병을 물리쳐 주겠노라."

이튿날부터 환자 중에 죽는 이는 한 사람도 없었다. 그리고 병에 걸린 사람들은 모두 회복하여 병석에서 일어나기 시작했다. 그뿐만 아니라 그 병에 걸리는 사람도 없었다. 이리하여 그처럼 무서웠던 전염병이 불과 며칠 만에 부여일대의 모든 마을에서 깨끗이 사라졌다.

이런 일이 있은 뒤부터 은산지방에서는 장군의 부탁대로 3년마다 은산별신제라고 하는 성대한 제사를 지내왔다.

16 맹괭이 방죽

부여읍에서 동쪽으로 1.5km쯤 가면 공주와 논산으로 갈리는 길 안쪽에 맹괭이 방죽이라 불리는 방죽이 하나 있었는데 이 방죽에는 다음과 같은 전설이 있다.

옛날 백제 의자왕 때에 이 만광이라는 점쟁이가 살고 있었다. 그는 점을 잘 맞추는 점쟁이로 널리 소문이 퍼져서 점을 치러 사람들이 구름처럼 몰려들었다. 그리하여 얼마 지나지 않아 그는 점을 쳐주면서 큰 부자가 되었고 사람들은 뛰어난 점술을 가진 그를 신처럼 떠받들기 시작했다.

백제왕조 말기에 사람들은 미신에 빠져 있었고 임금도 쾌락에 빠져서 나라의 정사를 거들떠보지도 않았다. 그래서 신라와 당나라 연합군이 함께 백제에 쳐들어오자 백제는 그에 쫓겨서 혼란에 빠졌다. 적군이 부여를 공격하여 함락시키자 의자왕은 신하들과 함께 간신히 공주로 피난을 갔다.

부여를 함락시킨 직후 당나라 총사령관인 소정방은 그의 군사들에게 명령을 내려 성안을 샅샅이 뒤져 백제왕과 신하들을 찾아내려고 했지만 그 어디에도 그들의 자취는 보이지 않았다.

"벌써 모두들 여기서 빠져 나갔구나!"

소정방은 백제 임금을 잡지 못해서 허탈감에 빠졌지만 그에 굴하지 않았다. 백제 침략을 끝내기 위해서는 백제왕의 항복을 받아야만 했다. 그래서 그는 미처 피난을 가지 못한 백제 사람들에게 물었다.

"우린 몰라요. 우리 같은 평민들이 임금님의 소재를 어떻게 알겠어요?"

소정방이 심문한 백제 사람들은 누구나 다 왕이 어디에 있는지 몰랐다. 그것은 임금이 간곳을 실제로 모르기 때문에 그렇게 대답하는 사람도 있었지만 임금이 간 곳을 아는 사람들도 모두 소정방에게 협조하지 않았던 것이다. 백제 임금을 잡아 마지막 승리의 기쁨을 누리고 싶어 안달이 난 소정방은 의자왕의 소재를 알아낼 방도를 찾기 시작했다. 소정방은 점쟁이를 이용해야겠다고 생각했다. 이때 그는 이 만광에 대한 이야기를 듣고 그를 불러들여 물었다.

"네가 이 만광이냐?"

"그렇습니다."

"네가 점을 아주 잘 친다지?"

"그것은 뜬소문입니다. 제가 먹고 살기 위해 거짓말을 좀 한 것입니다."

"어쨌든 네가 용하다니 너의 임금이 간 곳을 알 수 있으렷다. 임금이 달아난 곳을 알려주면 큰 상을 내리겠노라." 소정방이 말했다.

"저는 모릅니다. 저는 그런 능력이 없습니다." 이 만광은 왕이 어디에 있는지 알 수 있는 능력이 있었지만 모른다고 대답했다. 그러나 소정방은 이 만광이 사실대로 말하지 않고 있다는 것을 알아차리고는 화를 벌컥 내며 부하들에게 명하여 이 만광이 얘

기할 때까지 곤장을 때리라고 했다. 당나라 군사들이 이 만광을 나무 형틀에 묶어 놓고 곤장을 치기 시작했다. 달려들어 대여섯 대를 때리니 이 만광은 기절을 하고 말았다. 그러자 군사들은 이 만광의 얼굴에 찬물을 뿌려서 정신을 차리게 하였다. 소정방은 다시 물었다. 이 만광은 이번에도 대답하지 않았다. 다시 매질이 시작됐고 이 만광은 고통을 견디다 못해 마침내 굴복하고 말았다. 그는 점괘를 풀어 임금님이 공주에 있다고 말했다. 이 말을 듣자마자 소정방은 즉시 군사들을 몰고 공주로 쳐들어가서 의자왕을 사로잡았다.

이리하여 7백 여 년 동안의 역사를 이어온 백제는 멸망하였고 백제의 온 백성들 깊은 절망에 빠져 망국의 한을 울부짖었다.

"나라를 다시 찾자."

"나라를 회복하자."

백제 사람들은 이렇게 외치며 부여로 모여들기 시작했다. 당나라 경비병의 제지에도 불구하고 수천 명의 백성들이 이 만광의 집에 몰려가 이 만광을 죽이고 그 집을 불살라 파헤쳤다.

그 뒤 그 집이 있었던 곳에 빗물이 고여 나중에 방죽이 되었는데 이 방죽을 맹괭이 방죽이라고 부르게 되었다.

17 구름샘

과거에 동남리에 있는 부여 향교안에 구름샘이라고 부르는 우물이 하나 있었는데 여기에는 다음과 같은 이야기가 전하여 오고 있다.

지금으로부터 1300여 년 전 한 무리의 백제 여인네들이 사비수 강가에 있는 느티나무 숲에 모여 모처럼 하루를 즐기고 있었다. 물론 이 날 남자들도 나름대로 휴가를 즐겨 활쏘기와 말타기 등의 놀이를 하고 있었고 그 사이 나들이를 나온 여인네들은 왁자지껄하게 떠들면서 노래도 하고 그네를 타기도 하며 혹은 장고를 치며 놀기도 하였다. 여인네들 중에는 버들아기라는 처녀가 있었는데 버들아기는 아까부터 그네를 타려고 순서를 기다렸다. 이윽고 자기 차례가 되자 그녀는 잽싸게 그네에 올라 발을 구르기 시작했다.

"어마, 참 높이도 올라가네!"

"웬 처녀가 저리도 그네를 잘 타지?"

구경하던 여인들이 그네가 높이 날아 올라갈 때마다 크게 칭찬하며 소리쳤다. 버들아기는 이제 거꾸로 떨어질 위험을 무릅 쓰고 앞뒤로 그네를 타면서 느티나무로부터 나뭇잎들을 따기도 하였다. 그럴 때마다 구경꾼들은 그녀가 떨어질지도 모른다고 가슴을 조이면서 지켜봐야만 했다. 아니나 다를까 정말로 일이 벌어져 그녀가 더 높이 날기 위해 그네판을 힘껏 구르는 순간 그녀의 발이 미끄러지면서 그녀는 양손에 줄을 쥔 채 몸뚱이가 그네에 대롱대롱 매달리는 위급한 상태에 빠졌다.

"그네줄을 잡아!" 모두들 이렇게 소리쳤지만 아무도 그네를 멈추려고 앞으로 나서지 않았다. 그도 그럴 것이 누구라도 섣불리 잘못 멈추려 했다가는 버들아기와 마찬가지로 위험에 빠질 수 있기 때문이다. 그런데 이때 버들아기가 여전히 그네에 위험스럽게 매달려 있는데 갑자기 한 처녀가 날쌔게 그네판에 뛰어올라 그네를 점차 머물게 하여 버들아기를 구했다. 버들아기는 그네에서 내려와 자기를 구해준 처녀에게 고맙다는 인사를 하자 그 처녀는 자신을 구슬아기라고 소개하면서 사비성 남쪽에 살고 있다고 말했다. 두 사람은 곧 친한 친구 사이가 되었고 구슬아기는 밤만 되면 버들아기네 집으로 놀러와 시간이 가는 줄도 모르고 이야기꽃을 피웠다. 그런 어느 날 버들아기가 저녁상을 물리고 평소처럼 구슬아기가 오기를 기다렸으나 이 날은 어쩐지 구슬아기가 제시간에 오질 않았다. 구슬아기가 버들아기 집의 대문 앞에 나타난 것은 한참 시간이 지난 뒤였다.

"아이 더워! 미안하지만 물 좀 한 그릇 줄래?"

구슬아기가 집으로 들어서며 이렇게 급하게 말하자 버들아기는 기다리라고 하고 우물로 갔다. 그러나 버들아기가 우물물을 뜨는 사이 구슬아기는 목이 몹시 탄 나머지 마루 끝에 놓인 그릇의 물을 들어 마셨다. 그러나 불행히도 그것은 먹는 물이 아니라 버들아기가 옷감에 물을 들이려고 물감을 타 놓았던 물이었다. 그런데 마루가 어두웠기 때문에 그녀는 먹는 물로 잘못 알고 들이마셨던 것이다. 구슬아기가 캑캑 할 때마다 빨간 물만 입에서 토해 나왔다. 버들아기가 마루로 돌아왔을 때 구슬아기는 몹시 괴로운 표정을 짓고 있었다. 버들아기가 구슬아기를 위로하고 안정시키려고 애를 썼지만 구슬아기는 결국 말없이 자기 집으로 돌아가고 말았다. 그녀가 집으로 돌아가던 중 소나기가 후두둑 쏟아지기 시작했다. 이튿날 날이 밝자 마을 사람들은 모두 지난 밤 비로 술렁대기 시작했다. 그것은 어제 내린 소나기가 피비였다는 것이었다. 모두들 상서롭지 못한 일이라고 했다. 그날 저녁에도 구슬아기는 침울한 얼굴로 버들아기집에 나타났다. 그녀는 한참동안 말이 없더니 자기는 사비성 남문 앞에 있는 우물에 사는 황룡인데 어젯밤 붉은 물을 토해서 피비가 내렸다는 이야기를 하면서 이제 맑은 물을 마셔야 수궁으로 가는데 사비성에는 붉은 물 밖에 없으니 어떻게 하면 좋겠느냐는 것이었다. 버들아기는 구슬아기의 말에 놀라워했지만 곧 마음을 가다듬고 구슬아기에게 연적에 떠다 놓은 물을 갖다 주었다. 구슬아기가 그 깨끗한 물을 마셨다가 다시 뱉었더니 갑자기 하늘에서 비가 오기 시작했다. 그리고 구슬아기는 용으로 변하여 하늘 높이 솟았다가 우물로 들어갔는데 그때 구름이 용의 몸을 감추고 우물을 감쌌으므로 그때부터 그 우물은 구름샘으로 알려져 왔다.

18 진일포

규암면 부여두리에 진일포라는 조그만 개포가 있다. 이 개포는 내산면 금지리에서 발원하여 금강으로 빠지는 구룡천의 하류에 있다. 이곳은 지금은 비록 한가하지만 백제시대에는 이 개포가 일만 집이 있었다는 만가대를 끼고 있어서 제법 흥청거렸던 곳이었다.

옛날 이곳 개포에는 물고기가 많아 연일 낚시꾼이 몰려왔다. 하기야 이곳은 백제의 서울인 부여와 아주 가까이 있어 부여에 사는 많은 사람들이 틈만 나면 이곳으로 낚시하러 왔다. 이처럼 진일포에 너무도 많은 낚시꾼들이 찾아와서 물고기들이 수도 없이 잡혀 올라오자 이제는 물고기 씨가 마르게 되었다. 거기다가 진일포의 가물치는 맛이 좋다고 소문이 나서 이번에는 낚시꾼들이 가물치를 잡는데 열중하였다. 그러자 가물치가 하루에도 수백 마리씩 잡혀가게 되니 우두머리 가물치는 걱정이 되기 시작했다.

"장차 이 일을 어떻게 해야 한단 말인가?"

우두머리 가물치가 하루는 가물치들을 불러 모았다.

"지금 우리 가물치들이 낚시꾼의 미끼를 잘못 물어서 날마다 사람들에게 잡혀가고 있다. 그러니 앞으로 먹을 것이 생기면 나에게 먼저 알려라. 그러면 내가 그 먹이가 안전한 먹이인지 확인해 보겠다." 우두머리 가물치는 이렇게 단단히 당부를 했다. 그러나 다른 가물치들은 우두머리의 말을 따르지 않았다. 먹이가 생기면 우두머리 가물치에게 알리기 전에 얼른 먹어치웠다. 그러니 가물치들이 자꾸만 사람들에게 잡혀가자 우두머리 가물치는 더욱 걱정이 늘어갔다.

"아무리 철모르는 것들이지만 그렇게 가르쳐 주어도 듣지를 않으려 하니."

우두머리 가물치는 고민을 거듭하다가 묘안을 생각해 냈다. 그것은 자기가 사람으로 둔갑하여 물에 나가 가물치가 먹을 수 있는 먹이를 구해다가 가물치들에게 나누어 주자는 것이었다. 이튿날부터 우두머리 가물치는 사람이 되어 물 밖으로 나가 가물치에 좋은 먹잇감을 찾아 다녔다. 그러다가 며칠 후 가물치는 진일포 근처에 있는 언덕에 매어놓은 소들이 가장 좋은 먹잇감이라고 생각했다. 그것은 쇠고기가 맛도 있지만 우선 끌고 가는데 힘이 들지 않을 것 같았기 때문이다. 우두머리 가물치는 해가 어스름할 때 강가에 매어놓은 소를 얼른 강물 속으로 몰고 들어가 가물치들에게 나누어 주었다. 우두머리 가물치는 이런 일을 날마다 계속하였다. 이 날부터 가물치들은 낚시꾼들에게 잡히지 않게 되었다. 그러자 낚시꾼들은 점점 진일포를 떠나기 시작했고 가물치들은 점점 그 수효가 늘어나기 시작했다.

한편 소를 잃은 사람들은 누가 소를 훔치는지를 알 수 없었다. 그것도 그럴 것이 소를 몰고 가는 사람을 본 사람이라고는 한 사람도 없었기 때문이다. 그러나 수삼일이 지나서 강가에 매어놓은 소만 없어진다는 것을 안 사람들은 소를 강가에서 멀리 떨어진 곳에 두었다. 이리하여 우두머리 가물치가 소를 몰고 가는 일은 어려워졌고 사람들에게 붙들릴 위험도 커졌다. 하지만 그렇다고 그 일을 중단할 수는 없었다.

하루는 우두머리 가물치가 술을 잔뜩 마시고 물가로 소를 몰고 오다가 그만 잘못하여 사람들에게 붙들리고 말았다. 그리하여 우두머리 가물치는 지금까지 있었던 이야기를 모두 하지 않을 수 없게 되었다. 사실을 알자마자 낚시꾼들은 곧 이곳으로 낚시를 하러 다시 모여들었다. 그동안 얼마나 많이 가물치들이 늘었는지 낚시꾼들은 온종일 행복하게 고기를 잡게 되었다. 바로 이런 이유로 이곳 이름이 진일포로 불리게 되었던 것이다. 지금도 이곳에는 사람들이 가물치를 낚는다고 한다.

19 엄대암

공주군 신풍면 용수리에 엄대암이라는 큰 바위가 있다. 이 바위에는 백제 말기 한 장수에 대한 전설이 서려 있다.

백제 말엽에 공주 대룡리에 엄 대장이라고 하는 사람이 살고 있었다. 그는 어찌나 힘이 센지 아무리 큰 나무라도 주먹으로 한 번 치면 박살이 나고 말았다. 그리고 아무리 큰 나무라도 손에 힘만 주면 잡아 뽑을 수 있었다. 게다가 그는 무술에도 뛰어나 날아가는 새도 단번에 맞추는 것은 물론이고 말을 타고 달리며 목표물을 맞추는 것도 예사였다.

그러나 그처럼 남과 달리 힘도 세고 무술도 뛰어나 마을 사람들은 걱정을 했다. 그들은 엄 대장이 자신들에게 화를 불러올 것이라고 생각했고 그래서 결국 그를 죽이기로 작정했다.

어느날 밤 엄 대장이 잠들어 있을 때 수십 명의 마을 장정들이 그의 집에 몰려들어 방으로 쳐들어갔다. 그리고는 그를 죽이려고 몽둥이로 그를 패기 시작했다. 그러나 그것은 마을 장정들에게 재앙만 불러왔을 뿐이다. 몽둥이 세례를 받은 엄 대장은 "누가 이렇게 꼬집지?"라고 중얼거리며 잠에서 깨었다. 그는 마을 사람들이 몽둥이를 들고 있는 것을 보자 화가 나서 차례로 한 대씩 주먹으로 쥐어박기 시작했다. 몇몇 사람들은 잽싸게 달아나서 괜찮았지만 그렇지 못한 사람들은 모두 맞아서 죽었다. 이런 일이 있은 후 마을 사람들은 더욱 그를 무서워했다. 그러나 죽은 사람들의 가족들은 복수할 계획을 세웠다. 그들은 어떻게 해서든 그를 죽일 작정이었다. 그들은 사람을 시켜 엄 대장을 초청하여 술자리를 마련하였다. 마을 사람들의 음모를 알지 못한 엄 대장은 술자리에 가서 그들이 권하는 대로 술을 받아 마셨고 결국 점점 더 취하게 되었다. 그 사이 몇 명의 마을 사람들은 엄대장의 집으로 가는 길목에 깊은 함정을 파 놓았다. 드디어 술자리가 파했고 만취한 엄 대장은 기르는 개를 앞세우고 집으로 돌아가기 시작했다. 엄 대장이 마침내 함정 가까이에 이르게 되었다. 앞서가던 그의 개는 함정이 있는 것을 알고나 있는 것처럼 옆으로 비켜갔다. 그러나 엄 대장은 그대로 곧장 가다가 그만 깊은 함정에 빠지고 말았다. 이제 마을 사람들이 위에서 흙을 덮어버리기만 하면 그곳은 그대로 그의 무덤이 되고 마는 것이다. 엄 대장의 개가 주인의 위험을 알아채고 바삐 집으로 달려가 식구들을 불러왔다. 식구들의 도움이 없었더라면 엄 대장은 정말 죽고 말았을 것이다.

이런 일이 있은 뒤부터 엄대장은 몸가짐을 더욱 조심하면서 나라를 위해서 힘을 쓸 수 있는 기회를 기다렸다. 마침내 나당연합군이 백제를 쳐들어왔다. 연합군은 부여를 점령한 뒤에 공주로 방향을 돌렸다. 공주 인근의 금강에서 치열한 전투가 시작되었다. 나당 연합군은 강을 건너 공주를 공격했고 백제군은 적을 강 건너편으로 몰아내 방어하였다. 엄 대장도 조국을 위해 기꺼이 전투에 참가하였고 수차례 적을 물리쳤다. 그러나 적은 숫적으로 압도적이었고 끊임없이 강을 건너 공격을 감행했다. 마침내 백제군의 방어선이 무너지기 시작했고 적들은 성난 파도처럼 밀려 들어왔다. 엄 대장은 공주성이 완전히 무너지는 것을 보고 땅을 치며 통탄했다. 이제 그는 다시 고향으로 돌아갈 수밖에 없었다.

고향으로 돌아오자마자 그는 곧 병이 들어 죽게 되었다. 엄 대장은 죽기 전에 자기가 사용하던 무기와 여러 가지 비법을 적은 책을 마을에 있는 큰 바위 속에 감춰놓고 자손들에게 마지막 유언을 남겨 놓았다.

"저 바위 속에다 나의 비법을 넣어 놓았는데 나라가 위급해지면 저 바위가 스스로 열릴 것이니 그 때 책에서 쓰인 대로 하면 적을 물리칠 수 있을 것이다."

이 말대로 하면 아직까지 나라가 위급할 때가 오지 않았는지 바위는 열린 적이 없다. 엄 대장의 후손들은 그 바위 속이 몹시 궁금해서 석공을 시켜 바위를 깨게 했다. 그랬더니 갑자기 번갯불이 치고 소나기가 내리고 회오리바람이 일어났다. 그 후로 누구도 바위에 손을 대지 못하고 있다. 마을 사람들은 그 바위를 지금까지 엄대암이라고 부르고 있다.

20 진터논

정안면 화봉리에 진터논이라는 곳이 있다. 진터논이란 진을 쳤던 논이라는 뜻인데 임진왜란 때 명나라 군사 1만여 명이 이곳에 진을 쳤기 때문에 생긴 말이다.

지금으로부터 417년 전에 임진왜란이 일어났을 때다. 30만 명의 왜적들이 조선의 한국을 침략해 온 것이다. 그들은 부산포를 함락하고 신속하게 조선의 수도인 한양으로 쳐들어갔고 아무런 준비가 없었던 조선의 임금과 신하들은 한양을 내주고 먼 북쪽의 의주로 파천하고 뒤에 남겨진 백성들은 갖은 곤욕을 치렀다.

가는 곳마다 우리 군사들은 적에게 땅을 내주었고 적은 승리의 깃발을 휘날렸다. 얼마 안 있어 전 국토가 왜적들에게 유린당할 것만 같았다.

"이 일을 장차 어찌 한단 말인가?"

조정에서는 그야말로 어찌할 바를 모르다가 생각다 못 해 명나라에 구원을 요청했다. 명나라는 조선의 요청을 받아들여 이여송 장군과 군대를 파견하였는데 명군의 개입으로 전세가 역전되어 왜적들이 패전하기 시작했다. 거기다가 바다에서는 이순신 장군이 승리에 승리를 거듭하여 마침내 왜적이 7년간의 침략을 끝내고 물러가게 되었다. 따라서 조선의 임금과 신하들도 한양으로 돌아오게 되었고 사람들도 고향으로 돌아갔다. 그리고 모든 명나라 군사들도 본국으로 돌아가게 되었다. 호남 지방에 있던 명나라 군사들은 본국에 돌아가기 위해 북으로 행군을 해야 했다. 그들은 승전고를 울리며 북으로 북으로 연일 행진을 계속했는데 명나라 군사들이 공주 화봉리를 지나갈 때쯤 날이 저물게 되었다. 그래서 명나라 군사들은 근처에 있는 논에 진을 치고 그 곳에서 3일간 쉬어가기로 했고 인근에서 제일 부자인 최덕융의 집에서 먹을 것을 대도록 하였다. 최덕융은 당시 만석군이라는 소리를 듣고 있어서 어쩔 수 없이 명군의 요구대로 저녁을 내놓게 되었다. 그런데 사정이 더욱 안 좋게 된 것은 명나라 군사들이 조선나라의 부자가 얼마나 큰 부자인가를 시험하자고 의논을 하였던 것이다.

"어떻게 할까요, 장군님!"

"자기가 먹은 밥그릇을 각자 뜰 밖에 있는 연못에 갖다 버리도록 하게."

"허허허, 그거 재미있겠는데요, 장군님."

그들은 자기네끼리 이렇게 떠들며 웃어댔다. 이 말을 최덕융이 이곳을 지나가다가 우연히 엿듣게 되었고 그들의 계획을 알게 되었다. 최덕융은 명나라 사람들 몰래 하인들을 시켜 연못에다 그물을 치게 하였다.

희미한 등불 아래에서 늦게까지 저녁을 먹은 명나라 군사들은 대장이 명령한 대로 자기가 먹은 밥그릇을 연못에 가서 던졌다. 그러면서

"우리 명나라 사람들은 한번 먹은 그릇은 다시 쓰지 안 해"

하고 변명하였다. 그러면서 그들은 최덕융이 당황해 하는 모습을 보고 싶어했다. 그들은 자기들 나라에서도 아무리 큰 부자라도

만 명이나 되는 사람들을 한꺼번에 대접할 수 있는 그릇이 없다는 것을 잘 알고 있었던 것이다.

"내일 아침에는 그릇이 없어서 쩔쩔맬 것이다. 어디 두고 보자."

명나라 군사들은 이렇게 말하면서 내일 벌어질 일을 기대했다. 그러나 다음날 아침 모두의 기대는 어긋나고 말았다. 최덕융이 밤이 깊기를 기다렸다가 하인을 시켜 그릇을 모두 건져다가 이튿날 밥그릇으로 사용하도록 하였기 때문이다.

이런 줄도 모르는 명나라 군사들은 매 끼니때마다 새 그릇이 나오는 것을 보고 놀랐다.

"조선의 부자는 정말 굉장하구나!"

그들은 이렇게 감탄했다.

3일이 지나고 길을 떠나면서 명나라 군사들은 최덕융에게 머리를 숙였다. 지금은 연못이 논으로 변하여 연못의 자취를 찾을 길 없고 오직 진터논만이 남아 옛 전설을 전하여 주고 있다.

21 장군바위

중학동에 있는 공주고등학교 뒷산을 넘어 조금 가면 큰 바위가 두 쪽으로 갈라져 있는 것을 볼 수 있다. 이 바위를 세상 사람들은 장군바위라고 한다.

전설에 따르면 지금부터 1,534년 전 고구려 장수왕은 백제를 공격하여 수도 한성을 무너뜨리고 개로왕을 죽였다. 전쟁이 끝난 뒤 백제는 문주왕을 새 임금으로 모시고 수도를 지금의 공주로 옮겼다. 문주왕은 국경지대에 성들을 새로 쌓고 군사들을 더욱 더 많이 양성하였지만 근심과 걱정은 가실 줄을 몰랐다.

"어떻게 하면 잃어버린 땅을 다시 찾는단 말인가?"

문주왕은 지난날을 되새기며 빼앗긴 땅을 다시 찾기로 굳게 맹세했다. 그러나 당장에 군사적으로 여전히 약한 백제로서는 어떻게 할 방법이 없었다. 그렇다고 가만히 앉아서 점점 더 위협해오는 고구려군을 바라보고만 있을 수는 없었다. 그는 군사들을 더욱 굳건히 훈련시키는 동시에 백성들에게는 모두 힘을 합하여 고구려군을 무찌르자고 호소하였다. 백제 백성들은 나라가 위급함을 알고 모두 솔선하여 칼과 창을 들고 일어났다. 그리하여 고구려군은 더 이상 쳐들어오지 못하였으나 백제로서는 늘 불안에 잠길 수 밖에 없었다.

문주왕의 걱정은 이루 말 할 수 없었다. 나라의 흥망이 모두 자기 손에 달려 있는 것 같았다.

"어찌해야 된단 말인가?"

문주왕은 이렇게 중얼거리며 길게 한 숨을 쉬었다. 아무리 생각해 보아도 별 묘안이 떠오르질 않아 더욱 답답했다. 그는 한참동안 우두커니 서 있다가 창가로 다가갔다. 하늘의 별들이 유난히 반짝였다. 그는 별들을 바라보다가 나라의 운명을 천지신명에게 맡겨보자고 생각했다. 그는 얼른 몸을 깨끗이 하고 천지신명께 빌기 시작했다. 이렇게 빌기를 계속한 어느 날 밤 그는 잠깐 잠에 빠졌는데 갑자기 꿈에 한 노인이 나타났다.

"너의 정성이 지극하여 너에게 훌륭한 장군 한 사람을 보내 줄 테니 그리 알아라."

"네, 고맙습니다. 그런 사람이 어디 있는가 말씀하여 주십시오."

문주왕이 말했다.

"네가 바라는 그런 사람은 내일 뒷산에 올라가면 만날 수 있느니라."

머리가 하얀 노인은 이렇게 말하고는 홀연히 사라졌다. 그것은 꿈이었다. 이상하지만 아주 생생한 꿈이었다.

"참 이상한 꿈도 다 있군!"

다시 눈을 붙이지 못한 그는 뜬 눈으로 날이 밝기를 기다렸다. 다음날 아침 그는 신하들을 데리고 뒷산으로 올라가 보았다. 울창한 삼림 사이로 햇살이 길게 뻗치고 여기저기서 산새만 포롱포롱 날 뿐 아무도 보이지 않았다. 문주왕은 한갓 꿈 속 노인의 말만 믿고 이렇게 산에 올라온 자신이 어리석기도 해서 웃음이 나왔다. 이 때였다. 근처 어디선가 어린아이가 우는 듯한 소리가 들려왔다.

"이 깊은 산 속에 웬 아이의 울음소리란 말인가?"

왕과 신하들은 괴이하게 여기며 서로를 쳐다보았다. 깊은 숲 속에서 어린아이 울음소리가 들리는 것은 정말 이상한 일이었다. 다시 한번 울음소리가 들려왔다. 아까보다 더 크게 들렸다. 왕과 신하들은 울음소리가 들리는 곳으로 찾아갔다. 그런데 그 울음 소리는 커다란 바위 속에서 들려왔다. 모두 숨도 쉬지 못 한 채 서서 바위만 바라보고 있었다. 갑자기 놀랍게도 그 커다란 바위가 두 쪽으로 쩍 갈라지더니 그 속에서 잘 생긴 사내아이가 걸어 나왔다. 그들은 그 아이를 궁으로 데려와 길렀다. 시간이 지나면서 그 아이는 무럭무럭 자라 훌륭한 청년이 되었다. 그는 스스로 무예를 익혀 백제의 출중한 장군이 되니 고구려도 그를 두려워했다.

지금도 공주고등학교 뒷산너머에 가보면 큰 바위가 갈라져 한 쪽은 아래로 누워있고 한 쪽은 위로 서 있는 것을 볼 수 있다.

22 조왕동

우성면 동곡리를 조왕동이라고도 한다. 글자 그대로 임금을 도운 마을이란 뜻인데 그 이름에는 다음과 같은 유래가 있다.

지금부터 385년 전 이 괄의 난이 일어났을 때 일이다. 인조대왕은 이괄의 난을 피하기 위하여 수도 한양을 버리고 남쪽으로 피난길을 떠났다. 처음에는 많은 대신들이 같이 길을 떠났지만 나중엔 한 명씩 한 명씩 떨어져 나가기 시작했다. 그 이유는 많은 사람이 무리를 져서 움직이면 임금의 피난길을 더디게 할 뿐만 아니라 임금이 있는 곳이 쉽게 노출이 될 수 있기 때문이었다. 인조대왕이 공주 가까이 올 때쯤에는 옷차림은 평복을 하였고 신하도 한 사람만 거느리고 길을 걸었다. 기나긴 나그네 길에 남루해지고 몸이 야윈 인조대왕은 누가 보아도 한 나라 임금이라고 생각되지 않았다.

당시엔 난리가 나서 민심이 흉흉해졌기 때문에 길가는 나그네가 따뜻하게 대접받을 리가 없었다. 그리고 반란군을 피해 달아나는 피난민을 기꺼이 돌보아 줄 사람도 별로 없었다. 그것도 그럴 것이 피난민들을 친절하게 맞아 치다꺼리 하는 것은 쉬운 일이 아니었던 것이다.

인조대왕은 신하와 함께 본색을 감춘 채 남으로 남으로 내려오면서 아무 마을이나 들어가 음식과 잠자리를 구걸하였다. 하지만 밥과 잠자리를 마련하는 것도 쉽지 않아 끼니를 거르고 길거리에서 잠을 청하는 일이 한 두 번이 아니었다. 마을 사람들에게 임금이라는 것을 밝히면 후한 대접을 받을 것은 뻔했지만 그렇게 하면 자신이 있는 곳을 적들이 곧 알게 되기 때문에 그럴 수도 없었다.

그런 어느 날 인조가 동곡리에 이르렀을 때 해는 지고 있었고 민가에서는 저녁연기가 모락모락 피어오르고 밥 짓는 냄새가 물씬 코를 찔렀다.

"아, 밥 냄새!"

인조는 자신도 모르게 불쑥 외쳤다. 그러고 보니 하루 종일 아무 것도 먹지 못했다. 밥 짓는 냄새를 맡자 인조와 신하는 배고픔에 미칠 것 같았다. 하지만 오늘도 어쩌면 밥 한 술 얻어먹지 못하게 될 지도 모른다는 생각이 떠오르자 그들은 다시 풀이 꺾였다.

인조는 신하와 함께 이집 저집 기웃대며 밥과 잠 잘 곳을 청하기 시작했다. 그러다가 마침내 노숙이라고 하는 사람의 집에 이르게 되었는데 다행히도 노숙은 마음씀씀이 매우 넉넉한 사람이었다. 그는 왕과 신하를 따뜻하게 집안으로 청하였고 인조는 거기서 걱정과 피로를 풀면서 며칠을 푹 쉬었다. 그러는 동안 노숙은 불편한 내색을 전혀 보이질 않았는데 인조는 그런 노숙에게 감사해 하지 않을 수 없었다. 이렇게 해서 몸을 회복한 인조는 노숙의 집을 떠나 공주 관아로 피신을 하였고 거기서 이괄의 난이 평정되었다는 보고를 받게 되었다.

한양으로 다시 돌아온 인조는 그동안 어지러웠던 사회를 바로 잡고 난리로 파괴된 곳을 서둘러 복구하여 나라의 기틀을 다잡았다. 그리고 이괄의 난을 평정하는데 공을 세운 신하들에게 후한 상을 내리면서 그를 따뜻하게 돌봐준 노숙에게 상으로 벼슬을 내리고 노숙이 사는 마을을 조왕동이라 부르게 하였다.

지금도 그 마을은 조왕동이라 불리고 그런 사실을 적은 비석과 비각이 마을에 현존하고 있다.

23 마티고개

공주시 반포면 마암리에서 공주시내로 넘어가는 큰 고개가 있는데 이 고개를 흔히 마티고개라고 한다.

아주 오랜 옛날 마티고개 아래에 농부 한 사람이 살고 있었다. 그는 비록 가난하지만 부지런히 일했다. 그리고 산에 올라가 나무를 해다가 팔아서 그 날 그 날을 먹고 살았다. 그는 나이가 서른을 넘었지만 장가도 들지 않은 채 노총각으로 살고 있었다. 하도 가난해서 장가도 들 수 없었던 것이다. 장가를 들지 않은 또 다른 이유가 있다면 그것은 늙은 부모를 모시고 있었기 때문인데 결혼을 하면 부양할 식구가 적어도 하나 이상 늘어나서 살기가 더 어려워질 것이라고 생각했던 것이다. 동네 사람들이 때때로 농담이라도 하려고

"여보게 노총각, 장가는 언제 가나?"

하고 묻기라도 하면 그는 그런 것은 생각지도 않는다는 식으로 웃기만 하였다. 그러나 사실 그런 이면에는 부모만을 생각하는 갸륵한 효심이 숨어 있었던 것이다.

첫서리가 초가지붕에 하얗게 내려앉은 어느 늦가을 아침이었다. 마당에서 낫을 갈고 있는데 그의 아버지가 옆을 지나가며 혼잣말로 말했다.

"허 참, 늙으면 입맛이 망령인가. 오늘은 머루가 먹고 싶네."

사실 그 혼잣말은 아들이 들으라고 한 소리는 아니었다. 하지만 아들은 그 소리를 듣자 머루를 구해다 드려야 한다고 생각했다. 그는 단숨에 산으로 올라가 오랫동안 머루를 찾아 헤맸다. 그러나 찾을 수는 없었다. 이미 늦가을 서리가 내린 산 속에 어디 머루가 있겠는가. 그는 날이 저물어서 빈손으로 터벅터벅 돌아왔다.

이튿날 아침, 아들은 이 날도 머루를 구하러 산으로 가려고 막 일어났다. 그 때 아버지가 또 중얼거렸다.

"허허, 어제는 머루가 먹고 싶더니 오늘은 소의 간이 먹고 싶구나."

정말 아들더러 들으라는 말은 아니었다. 그러나 아들은 그 말을 들으면서 옳다구나 싶었다. 소의 간이야 나무 몇 짐만 하면 살 수 있으니 문제없다고 생각했던 것이다. 그는 산을 올라 숲으로 갔다. 그리고 부지런히 나무를 했다. 하루 종일 쉬지 않고 일했다. 다른 때보다 두 배는 더 열심히 일한 것 같았다. 이렇게 며칠간 나무를 하고 나니 온몸이 뻐근해졌는데 결국은 과로로 몸살이 나 몸져눕게 되었다. 그렇지만 그는 병석에 누워서도 산에 해놓은 나무를 내다 팔지 못하는 것이 못내 안타까웠다.

그러던 어느 날 밤 그가 자고 있을 때 꿈에 한 노인이 나타나더니 그의 머리를 손으로 짚어 보고는 그에게 나직하게 입을 열었다.

"너는 효성이 지극하구나. 오늘까지는 몹시 아팠겠지만 내일 아침에는 괜찮게 될 거다. 네 효심이 갸륵하여 내가 이야기 하나를 해 줄 테다. 내일 아침에 뒷산에 있는 큰 바위 앞으로 가면 거기서 말이 한 마리 나올텐데 그것으로 어버이를 잘 섬기도록 하여라."

노인은 어딘가로 사라졌다. 참 이상한 꿈이었다. 그런데 정말 이상한 것은 그 다음 날 아침에 일어났다. 놀랍게도 그렇게 아프던 통증이 사라진 것이다. 그리고 꿈속에서 들은 대로 뒷산에 있는 큰 바위 앞으로 갔더니 갑자기 거기서 큰 말 한 마리가 울면서 뛰어나오는 것이었다. 말은 힘도 세고 그의 말을 잘 들었다. 그는 그 말로 나무를 실어다 팔아서 고기를 사다가 부모님을 대접할 수 있었고 그 말로 다른 여러 일들을 하여 곧 부자가 되었다. 그리하여 그는 부모님을 모시고 행복하게 살 수 있었다. 이후로 그 고개는 마티고개라고 부르게 되었으며 마을 이름도 마암리라고 부르게 되었다고 한다.

24 향덕비

옥룡동 효포마을에 통일 신라 때 사람인 향덕의 비석이 있다. 이 비석 앞에는 「신라 효자 향덕지려」라고 쓰여져 있고 뒤에는 향덕의 효심이 새겨져 있다.

지금으로부터 1,250여 년 전에 효포마을에 향덕이라고 하는 사람이 살고 있었다. 그는 비록 가난하게 살았지만 마음이 착하고 행실이 바르며 부모에 효심이 지극하였다. 그는 무슨 일이든지 부모를 제일 먼저 생각했고 부모를 위한 일이라면 그것이 아무리 힘든 일이라도 해내고야 말았다. 이런 이유로 향덕은 근방에 널리 알려져 있었다.

어느 해 겨울 향덕의 아버지가 병석에 누웠다. 처음에는 대단치 않았지만 날이 갈수록 점점 더 심해졌다. 향덕이는 날마다 약을 구하러 다녔는데 좋다는 약은 다 써보아도 아버지의 병환은 별로 차도가 없었다. 향덕은 안타까웠다.

"어찌해야 한단 말인가"

향덕은 절망에 빠져 자신의 무력함을 탓하며 눈물을 흘렸다. 아버지의 병은 점점 더해만 갔다. 괴로워하는 아버지를 보면서 향덕은 아버지 병을 낫게 하지 못하는 것이 안타까웠다. 이제 제대로 약을 쓰지 못하면 며칠가지 않아 아버지는 돌아가실 것만 같았다.

그가 그렇게 아버지 때문에 근심에 싸여 있던 어느 날 향덕은 집 밖에서 목탁 두드리는 소리를 들었다. 향덕은 쌀을 한 줌 떠가지고 나가서 시주를 하자 중이 향덕을 바라보며 무슨 근심이 있냐고 물었다. 향덕은 아버지의 병환을 이야기하고 아무리 좋은 약을 써도 낫지 않는다는 이야기를 했다. 중은 향덕이의 아버지가 있는 방으로 들어와서 진맥을 하였다. 한참 진맥을 한 후 잠시 망설이다가 약이 딱 한 가지 있긴 한데 그 약은 구하기가 여간 어려운 것이 아니라고 하면서 그냥 돌아서서 가려고 하였다. 향덕은 이때가 아니면 아버지를 영영 살릴 수 없으리라 여기고 중의 장삼자락을 붙들고 매달렸다.

"스님 제발 아버지를 살릴 수 있는 방도를 말씀해 주십시오. 그렇게만 해 주신다면 그 은혜 평생을 두고 잊지 않겠습니다."

향덕이는 눈물을 흘리며 간청하였다. 중은 한참동안 무엇인가를 생각하더니 마지못해 입을 열었다.

"당신 허벅지 살을 떼어 푹 고아드리면 낫게 될거요."

중은 이렇게 말하고는 홀연 어디론가 사라졌다. 향덕은 중이 시킨대로 허벅다리 살을 고아 아버지께 드렸더니 아버지는 맛있게 먹었다. 그런 다음 잠을 한 숨 푹 자고 일어나더니 기운을 차리셨다. 그러다가 며칠 뒤에는 언제 그랬냐는 듯이 깨끗이 나았다. 이를 본 마을 사람들은 향덕의 효성에 모두 감복했다.

그 뒤 몇 해가 지나지 않아 이번에는 어머니가 등창이 나 고통을 겪게 되었다. 그것은 어찌나 큰지 주먹만큼 부어올라서 조금만 움직여도 아파서 견딜 수가 없었다. 그러자 이번에는 향덕이가 등창에 입을 대고 고름을 빨아내기 시작했다. 어머니가 아프다고 소리를 지르는 가운데 향덕이는 하루종일 등창에 있는 고름을 빨아냈다. 마침내 향덕이가 고름을 다 뽑아냈을 때에는 그 곳에 주먹만한 구멍이 생겼다.

이리하여 향덕의 효성은 온 나라에 퍼지기 시작했고 마침내는 임금님의 귀에도 들리게 되었다. 임금님은 향덕에게 벼 3백섬과 집 한 채와 논밭을 하사하였다. 그리고 그 이듬해에는 정문과 비를 세워 향덕의 효성을 기리도록 명령하였다. 그리고 향덕이가 살던 마을을 효자가 났다고 하여 효가리 혹은 효포리라 부르게 하였다고 한다.

25 옥녀봉 탄금대

신풍면 만천리에 옥녀봉 탄금대라고 하는 산봉우리가 있다. 이 산봉우리는 높이가 361미터로 유구면 유구리와 신풍면 화홍리에 걸쳐 있는데 산봉우리가 단정하고 빼어나 옥녀가 거문고를 타는 형국이다.

오랜 옛날 오영이라고 하는 농부가 살고 있었다. 오영은 착하고 부지런했다. 거기다가 부모에 대한 효성이 지극해서 부모를 위해서라면 어떤 일이든지 서슴치 않았다. 다만 그는 넉넉한 살림이 아니어서 부모를 편안하게 모시지는 못했다. 더러 늙으신 아버지가 밥을 제대로 들지 않으면 그는 걱정이 이만저만이 아니었다. 아버지 입맛에 맞는 반찬거리를 찾으러 멀리 공주시내까지 왕래를 하였다. 비가 오는 날이든 혹은 눈이 오는 날이든 가리지 않았다. 부모님를 위해서라면 자기 몸을 아끼지 않았다.

그런 어느 날이었다. 아버지가 갑자기 병석에 눕게 되었다. 오영은 하늘이 무너지는 것 같았다. 그는 어떻게 해서든 아버지의 병을 낫게 하려고 온갖 약은 다 써보았다. 그러나 모두 허사였다. 아버지의 병환은 날로 악화될 뿐이었다.

"이 일을 어떻게 한단 말인가?"

오영은 아버지 병환을 치료할 방도를 찾아보아도 방법이 없어 안타까웠다. 자기 몸을 바쳐 아버지 병환을 낫게 할 수 있다면 정말 서슴치 않고 자기 몸을 바칠 수 있을 것 같았다. 오영은 이렇게 안타까워 하다가 하늘에 기도를 드리기로 작정했다. 한 달이 지나도록 그는 열심히 병든 아버지를 위해 기도했다. 그러나 아버지는 여전히 차도가 보이질 않았다. 그래도 그는 쉬지 않고 계속 기도했다. 그러던 어느 날 열심히 기도하고 있는데 문 밖에서 사람소리가 났다.

"주인장 계십니까?"

나지막하고 점잖은 목소리였다. 오영이 밖으로 나와 보니 허름하게 차려입은 웬 나그네가 하룻밤 자고 가기를 청했다. 오영은 집안에 우환이 있어 처음에는 거절을 하였으나 나그네가 계속 청을 하자 마지못해 승낙하였다. 그런데 마침 우연히도 그 나그네는 용한 의원이었다. 그는 오영의 아버지의 병을 진찰하더니 치료법을 알아내었다.

"어허, 이 병은 산삼 없이는 낫지 않는 병이구료."

그래서 오영은 산삼을 찾아 깊은 산속을 헤매기 시작했다. 때로는 돌부리에 채여 넘어지고 멍이 들고 피가 흐르기도 하였으나 그런 위험을 무릎쓰고 산삼 구하길 단념하지 않았다. 이러기를 벌써 열흘이 넘었다. 여전히 산삼은 찾을 수 없었다.

그러던 어느 날 오영은 산속을 지쳐 헤매다가 어느 곳에 쓰러져 잠이 들었다. 얼마나 지났을까, 잠결에 까치가 요란하게 우는 소리가 들렸다. 오영은 그 소리에 깨어 일어나 이상한 생각이 들어 까치 소리가 들리는 곳으로 달려가 보았다. 그가 그 곳에 도착했을 때 어디선가 가야금 타는 소리가 들려왔다. 오영이 가야금 소리가 나는 곳으로 가보니 아름다운 여인들이 가야금 소리에 맞추어 춤을 추고 있었다. 오영이 그들에게 다가가자 그 중에 한 명이 어떻게 왔느냐고 물었다. 오영은 산삼을 찾다가 까치의 인도로 오게 되었다고 말하였다.

"산삼?"

그들은 오영의 말을 듣고 이렇게 반문하다가 옆에 있는 풀을 뽑더니 오영에게 주었다. 그것은 몇 십 년 묵은 산삼이었다. 오영은 너무 반가워 그들에게 넙죽 절하여 감사를 표했다. 그리고는 급히 집으로 돌아와 산삼을 달여 아버지께 드렸다. 아버지는 산삼 달인 것을 드시자마자 곧 완쾌되었다.

그 뒤 바로 오영이 아름다운 여인들이 춤추던 산으로 올라가 보았더니 여인들은 가야금을 옆에 끼고 까치 몸에 실려 구름 속으로 사라졌다. 이런 일이 있은 뒤부터 그 곳을 옥녀봉 탄금대라 부른다.

26 곰나루

공주시내에서 서북쪽으로 십리 정도 가면 강 나루터가 하나 나오는데 이 나루터를 고마나루라고도 하고 웅진이라고도 하는데 여기에는 흥미로운 전설이 전해오고 있다.

아득한 옛날 곰나루 근처에 있는 연미산에 굴이 하나 있었는데 이 굴에 커다란 암곰 한 마리가 살고 있었다. 암곰은 나이가 들면서 시집을 가고 싶었다. 그러나 마을에서 멀리 떨어진 외진 강가에서 살기 때문에 시집을 갈래야 갈 수가 없었다. 솔바람소리가 밤새 동굴 속을 울리는 겨울밤이나 달이 유난히 밝은 가을밤에는 외로워서 견딜 수가 없었다.

어느 날 그 곰이 산속을 어슬렁거리며 다니고 있는데 그 앞을 한 잘 생긴 사내가 유유히 숲속을 뚫고 지나가고 있었다. 곰은 처음에 사람 모습에 긴장했지만 그 사내가 아주 잘 생긴 것을 알고는 기쁨이 가득했다.

"저 사나이를 내 남편으로 삼아야지"

암곰은 이런 생각을 들자 곧바로 달려가 그 사내를 낚아채어 입에 물고 집으로 돌아왔다. 사나이는 기절해 있었다. 곰은 사나이 얼굴에 물 뿌리며 깨어나기를 기다렸다. 한참 뒤에 정신이 돌아온 사나이는 눈을 떴는데 어둠 속에서 곰을 쳐다보고는 움찔 놀라는 기색이었다. 그러나 곰이 사나이가 놀라는 것을 보고 조용히 다가와 진정시키려는 듯 다독거려주자 사나이는 마음을 놓게 되었다. 곰이 자신을 헤치려는 의사가 없다는 것을 알아차린 것이다.

곰은 사나이에게 날마다 맛있는 고기를 차려 주었다. 그리고 밤에는 제 몸에 있는 털로 사나이 몸을 따뜻하게 감싸주고 잠을 잤다. 이처럼 곰은 사나이를 위해 모든 정성을 다하여 섬겼지만 한가지 예외가 있었다. 곰이 사나이를 굴에 두고 외출할 때는 항상 커다란 돌로 굴 입구를 막아놓고 나갔다. 그래서 사나이는 언제고 깜깜한 굴속에 갇혀 지내야 했다. 그는 답답하고 지루했다. 거기다 바깥세상이 그리웠다. 사나이는 어떻게 해서든 굴 밖으로 도망가려고 해보았지만 아무리 해도 허사였다. 곰이 밖으로 나간 뒤 굴을 막아 놓은 돌을 떠밀어 보았지만 꿈쩍도 하지 않았다.

사나이는 하는 수 없이 주저앉아 곰과 함께 먹고 자며 생활하는 수밖에 없었다. 이렇게 하루 이틀 사는 동안 곰은 새끼를 배었고 몇 달 뒤 새끼를 낳았다. 새끼는 이상하게도 반은 사람 모습을 닮았고 반은 곰의 형상을 닮았다. 처음에는 징그러웠다. 하지만 시간이 지나면서 점점 귀엽고 사랑스런 아기로 변해갔다. 동굴 속의 단조로운 생활 속에서 아기 곰과 노는 것은 더 없는 즐거움이 되었다. 아기 곰을 끌어안고 목마를 태우고 걸음마를 시킬 때면 그는 어떤 행복함까지도 느꼈다. 이런 모습을 지켜보는 곰도 나름대로 비슷한 행복을 느끼는 모양이었다.

이렇게 해서 이년의 세월이 흘렀다. 엄마 곰은 또 다시 새끼를 낳았다. 이제 네 식구가 된 것이다. 사나이는 그 전처럼 무료하지 않았다. 여전히 동굴 속이긴 했지만 그런대로 지낼 만 했다.

그런 어느 날 엄마 곰이 먹을 것을 구하러 밖으로 나갔는데 그 날은 동굴 입구를 막지 않은 채 나갔다. 곰은 아마도 새끼를 둘씩이나 낳았으니 사나이가 이제는 도망가지 않으리라고 생각했던 모양이다. 그러나 사나이는 굴이 막혀 있지 않은 것을 보자 이때를 놓쳐서는 안 되겠다고 생각이 들었다. 그는 즉시 굴을 뛰쳐나왔다. 마침 나루터에는 빈 배가 한 척 떠 있었다. 그는 그 배에 올라타고 노를 젓기 시작했다. 그때 마침 굴로 돌아오던 엄마 곰이 이것을 보고 돌아오라는 듯이 손짓을 하며 소리를 질렀다. 그러나 그는 뱃머리를 돌리지 않았다. 그러니까 엄마 곰은 새끼 두 마리를 데려와서 그 중 한 마리를 높이 들고 손짓을 했다. 그것은 마치 그가 돌아오지 않으면 새끼를 강물에 던져 죽여 버리고 말겠다는 표시 같았다. 그래도 그는 배를 돌리지 않고 계속 앞으로 저어갔다. 그러자 엄마 곰은 정말로 새끼 한 마리를 강물에 던져 버렸다. 그리고 나서 엄마 곰은 다시 남은 새끼 한 마리를 들어 올리고 손짓했다. 사나이는 여전히 앞으로 노만 저을 뿐이었다. 그러자 그 곰은 소리를 지르며 몸부림을 치더니 새끼와 함께 강물에 빠져 죽어 버리고 말았다. 이런 일이 있은 뒤부터 그 나루터를 곰나루라고 불렀다고 한다.

27 용틈벙

공주시 반포면 상신리와 하신리 중간에 큰 못이 있는데 그 못은 용틈벙이라고도 하고 혹은 신소라고도 한다. 이 못은 신소골의 내가 흘러내려 큰 못이 되었는데 이 못에는 다음과 같은 전설이 있다.

옛날, 아주 오랜 옛날에는 이 곳 일대가 모두 바다였다고 한다. 끝없이 푸른 물결이 넘실대고 갈매기 떼가 꾸륵꾸륵 소리를 지르며 파도 위를 스치던 곳이었다. 그 너머에는 계룡산이 짙푸른 삼림에 싸여 있고 그 가까이에는 커다란 산봉우리가 바다위의 섬처럼 그 모습을 드러내고 있었다. 물안개에 싸인 이런 광경은 너무 아름답고 신비로워서 마치 선계의 세상인 것처럼 보였다. 그래서 그런지 실제로 이따금 하늘나라에서 아름다운 선녀가 한 사람 내려와 낚시를 드리우곤 했다. 선녀는 고기를 낚기 위해서보다는 아름다운 경치를 구경하러 내려오는 것 같았다. 낮에는 물속에 낚시를 드리우고 앉아 물결이 부서지는 바다를 바라보고 있다가 밤이 되면 하늘나라로 올라가는 것이었다.

이 날도 선녀는 바다에 낚시를 던져 놓고 갈매기들이 노니는 모습을 바라보고 있었다. 그 때 마침 계룡산에 들렀던 임금님이 멀리서 낚시를 드리우고 있는 선녀를 우연히 보게 된 것이다. 그러자 선녀가 낚시를 드리워 앉아 있는 광경은 너무도 환상적이었고 그 아름다운 자태는 임금님의 눈을 부시게 하였다.

"내가 육십이 넘게 살았지만 저처럼 아름다운 여자를 보기는 처음이구나!"

갑자기 임금님의 얼굴에 화색이 돌았다. 임금님은 한참동안 선녀를 바라보다가 마침내 배를 타고 선녀가 있는 곳으로 향했다.

임금님이 가까이 다가가는 동안 선녀는 미동도 하지 않고 바다만을 바라보고 있었다. 그런 선녀의 모습은 정말 아름답고 매혹적이었다.

"정말, 참으로 아름다운 여인이구나!"

임금님은 몇 번이고 이렇게 감탄을 연발하였다. 임금님이 마침내 그녀 가까이에 이르러서 물었다.

"너는 무엇하는 여자인고?"

"저는 고기를 낚는 어부입니다."

"어부? 네가 그렇게 고기를 잡아서 살 수 있겠느냐?"

"부자는 아니지만 그냥 먹고 살만 합니다."

"그러지 말고 나한테 시집오면 잘 살 수 있느니라."

"싫습니다."

"부귀영화를 누릴 수 있다는데도 그러는구나."

"싫습니다."

"내가 이 나라 임금인데도 감히 싫다는 게냐?"

"그렇습니다."

"뭐라고?"

마침내 임금님은 화가 났다. 그것은 참을 수 없는 모욕이었다. 임금님은 신하를 시켜 선녀를 잡아가도록 명령하였다. 그들은 선녀를 데리고 대궐로 갔다. 선녀는 하늘로 돌아가려고 했지만 임금님은 선녀를 방에 가두어 놓고 강제로 왕비로 삼았다. 이를 본 옥황상제는 화가 났다. 옥황상제는 선녀를 용이 되게 하고 바로 용툼벙에서 살게 했다. 이리하여 용이 된 그 아름다운 선녀는 연못 속에서 나날을 보내게 되었고 한편으로 선녀를 잃은 임금님은 슬픔에 잠겼다.

임금님은 모든 것이 허무하게 생각되었다. 그리고 아름다운 선녀의 추억을 잊을래야 잊을 수가 없었다. 그리하여 임금님은 선녀가 낚시하던 곳에 앉아서 선녀가 그랬던 것처럼 낚시질을 하기 시작했다. 그런데 신기하게도 낚시질을 할 때마다 임금님은 하루에도 몇 바구니씩 고기를 낚았다. 그것은 용이 된 선녀가 고기를 몰아다 주어서 그렇게 많이 낚았다고 한다. 이런 일이 있은 뒤 그 용이 사는 연못은 용둠벙이라고 불리어 졌고 나중에 용툼벙이 되었다고 한다. 또한 임금님이 앉아서 고기를 낚던 산봉우리는 임금봉이라고 부른다고 한다.

28 남매탑

계룡산에는 많은 산봉우리가 있는데 그 중 삼불봉이 있다. 이 삼불봉 중턱에는 동학사에서 갑사로 넘어가는 길 중간에 조그만 암자가 하나 있고 그 암자 마당에는 두 개의 탑이 나란히 서 있는데 이 탑들이 있게 된 내력이 있다.

옛날 이 암자에 젊은 스님 한 분이 불공을 드리고 있었다.

"쿵"

갑자기 밖에서 이상한 소리가 났다. 무슨 소리일까 젊은 스님은 이런 생각을 하며 밖을 내다보다가 그만 깜짝 놀랐다. 마당에 커다란 호랑이 한 마리가 떡 버티고 앉아 있는 것이 아닌가. 젊은 스님은 속으로 겁이 더럭 났으나 태연하게 호랑이를 바라보았다. 그런데 호랑이는 스님을 보자 이상한 짓을 하기 시작했다. 호랑이는 입을 벌리고 우는 소리를 내며 목을 옆으로 젓는 것이었다. 그건 마치 한 번만 살려달라는 것 같은 몸짓이었다. 스님은 호랑이에게 다가가 호랑이 입안을 들여다 보았다. 그랬더니 거기에는 큰 뼈다귀가 걸려 있었다.

"흥, 이놈이 어디서 사람을 잡아 먹었구나."

스님은 호랑이가 괘씸했지만 한편으로 불쌍한 생각도 들었다. 그래서 그는 손을 호랑이 입안에 넣어 뼈다귀를 빼주었다. 호랑이는 뛸 듯이 기뻐 이리 뛰고 저리 뛰고 하다가 스님에게 한번 고개를 숙이더니 어디론가 가버렸다. 다음 날도 스님은 불공을 드리고 있었다. 그 때 밖에서 또 호랑이 울음소리가 들려왔다.

"어흐응!"

스님이 밖으로 나와 보니 어제 본 호랑이가 마당에 쪼그리고 앉아 있었다. 스님이 뜰 아래로 내려서자 호랑이는 스님에게 타라는 시늉을 하였다. 스님이 호랑이 등에 올라타자 호랑이는 쏜살같이 어디론가 달려가기 시작했다. 한참을 달리다가 호랑이는 어느 소나무 아래에서 걸음을 멈추었다. 거기에는 붉은 댕기를 드리운 한 여인이 땅에 실신하여 쓰러져 있었다. 스님은 다가가서 맥을 짚어 보았다. 아직 맥이 뛰고 있었다. 다친 곳도 없어 보였다. 다만 그 여인은 호랑이를 보고 기절한 것이 틀림없었다.

"이놈의 자식아! 이게 도대체 무슨 짓이냐?"

스님은 호랑이를 꾸짖었다. 그러나 호랑이는 고개를 숙이고는 총총히 어디론가 사라졌다. 스님은 어쩔 수 없이 처녀를 업고 암자로 돌아왔다. 무슨 일이 있더라도 처녀를 살리지 않으면 안 될 것 같았기 때문이다. 스님은 여자를 방바닥에 누이고 물수건을 이마에 얹어 놓았다. 얼마후 여자는 정신이 들었다.

"여기가 어디예요?"

"계룡산 삼불봉에 있는 암자입니다."

스님은 웃음 띤 얼굴로 상냥하게 대답했다. 여자는 한참동안 말없이 무엇을 생각하더니

"그런데 제가 어떻게 여기에 왔어요?" 하고 물었다.

"그것보다 아가씨는 어디서 살고 있소?"

"저는 상주에 사는 임 진사의 딸입니다."하고 여자가 대답했다. 그리고는 자기가 겪은 일을 이야기 했다. 그녀는 혼인날을 하루 앞두고 혼인 준비로 여러 가지 일을 밤늦도록 마치고 변소엘 가다가 호랑이가 어디선가 나타나 그만 기절했다는 것이다. 그런데 호랑이는 기절한 처녀를 물고 여기 스님이 사는 곳까지 왔던 것이다.

"으흠, 이놈이 나한테 은혜를 갚는다고 한 짓이구나."

스님은 혼자말로 중얼거렸다. 이제 스님이 처녀에게 호랑이와 있었던 이야기를 모두 해주었다.

"그런 일이 있었나요? 하여간 스님은 저에게 생명의 은인입니다."

처녀가 이렇게 인사를 했다. 스님은 그게 뭐 은혜랄 것까지 있냐고 하면서 그만 자라고 하고 방을 나왔다. 처녀는 혼자 남아 그날 있었던 일을 되돌아 보니 그것이 모두 부처님이 섭리가 아닐까 생각하였다. 처녀는 밤새도록 그런 생각에 빠져 뜬 눈으로 밤을 새웠다.

다음 날 아침 스님이 처녀의 안부를 물으러 내려왔다.

"오늘 좀 어떠세요?"

"네 아무렇지도 않아요. 모두 스님 덕분이예요. 이 은혜 결코 잊지 않겠어요."

"은혜라니요, 이게 다 부처님의 인연이지요."

"그래요. 저도 어제 밤 그렇게 생각했어요. 아무래도 부처님이 만들어 준 인연인 것 같아요."

"어쨌든 빨리 아씨 댁으로 알려야지요."

"스님, 저는 돌아가지 않겠습니다. 이곳에 살게 해주세요."

"안됩니다. 집으로 돌아가야 합니다."

스님은 처녀를 집으로 돌려보려고 했지만 처녀는 좀처럼 말을 듣지 않았다. 그래서 하는 수 없이 스님은 처녀의 소원을 들어 주었다. 그들은 그날로 의남매를 맺고 불도를 닦으며 일생을 함께 보냈다. 후에 사람들은 그 두 사람을 기리기 위해 남매탑을 세웠다.

29 노루목

공주시 우성면 내산리에 노루목이라는 곳이 있는데 여기에는 다음과 같은 전설이 전해 오고 있다.

옛날도 오랜 옛날 내산리에 허씨라고 하는 나무꾼이 살고 있었다. 그는 집안이 너무 가난해 날마다 산에 가서 나무를 해다가 장에 나가 팔아 하루하루를 살아가고 있었다. 이날도 허씨는 산으로 가서 나무를 했다. 한창 갈퀴질을 하고 있는데 어디선가 노루 한 마리가 허겁지겁 나무꾼 앞으로 달려오더니 그에게 무엇인가를 요청하는 것 같았다. 나무꾼은 노루가 하는 짓이 이상해서 살펴보다가 노루 궁둥이에 화살이 꽂혀 있는 것을 발견하였다. 노루는 사냥꾼에게 쫓기는 것이 분명했다.

"저 좀 살려주세요, 네?"

노루는 마치 이렇게 나무꾼의 도움을 요청하는 듯이 보였다. 허씨는 그것이 측은해서 노루 궁둥이에 박힌 화살을 빼어주고 말하기를

"이 나뭇짐 속에 숨어 있거라. 사냥꾼에게 들키지 않게 가만히 있어야 한다. 사냥꾼이 지나가면 꺼내 줄 테니 그때까지 참고 기다리거라."

노루는 알았다는 듯이 고개를 끄덕이고는 나뭇짐 속으로 들어갔다. 허씨는 갈퀴질로 나뭇가지를 긁어모아 노루를 덮었다. 그리

고는 아무 일도 없었다는 듯이 갈퀴질을 계속했다. 잠시 후 사냥꾼이 헐떡거리며 허씨가 있는 쪽으로 달려왔다. 사냥꾼은 허씨를 보자마자 여전히 헐떡거리며 물었다.

"여보, 이곳에 화살 맞은 노루가 오지 않았소."

"조금 전에 저 쪽 고개로 넘어가는 것 같았소"라고 엉뚱한 곳을 가리키며 허씨가 대답했다. 그러자 사냥꾼은 고맙다는 말 한 마디만 남기고 허씨가 가리킨 방향으로 급하게 달려갔다. 허씨는 사냥꾼이 사라진 것을 확인하고는 나뭇더미 속에서 노루를 나오게 하였다.

"사냥꾼이 이쪽으로 갔으니 너는 그 반대쪽으로 가거라."

허씨는 이렇게 말했다. 노루는 고맙다는 듯이 고개를 끄덕이며 껑충껑충 뛰면서 눈물을 흘렸다.

"울지 말고 빨리 가봐, 어서."

허씨는 손짓을 하며 노루에게 이같이 말했다. 노루는 허씨의 이야기를 알아들었다는 듯이 다시 고개를 끄덕였다. 그리고는 허씨가 가리킨 방향으로 달리기 시작했다. 그러나 몇 발 달려가더니 곧 나무꾼 앞으로 다시 와서는 껑충껑충 뛰었다.

"저 놈이 왜 저러지?"

허씨가 우두커니 바라보자 노루는 아까처럼 몇 발 앞으로 달려갔다가 다시 돌아와 뛰는 일을 반복했다. 그제서야 허씨는 자기를 따라오라는 줄 알고 갈퀴를 든 채 노루의 뒤를 따랐다.

노루는 건너편 언덕마루에 가더니 그 곳에서 앞발로 땅을 파기 시작했다. 그러다가 다시 흙을 긁어모아 마치 무덤처럼 흙을 쌓았다. 처음에 허씨는 노루가 무슨 짓을 하는지 의아해하다가 곧 그

것이 무슨 뜻인지 알아차렸다.

"옳지, 여기가 좋은 무덤자리라고 그러는 모양이네."

허씨는 이렇게 생각하며 알았다고 고개를 끄덕였다. 노루는 허씨가 자기 뜻을 알아차린 줄 알고는 다시 한 번 그에게 고개를 끄덕이고는 어디론가 사라졌다. 허씨는 나무를 해 놓은 곳으로 다시 돌아와 하던 일을 계속했다. 그리고 그가 일을 마쳤을 때는 날이 너무 늦어 그는 급히 산을 내려오기 시작했다. 그가 자기 집 뒷산에 다다랐을 때에는 서쪽 하늘에 노을이 지고 저녁연기가 피어오르고 있었다. 그는 자기 집을 내려다보았다. 자기 집 지붕 위에 하얀 옷이 걸려 있었다.

"저런, 아버지가 돌아가셨나 보구나."

허씨는 정신이 번쩍 들었다. 나뭇짐을 그 곳에 버려둔 채 달려 내려가 보니 아버지는 정말로 돌아가신 뒤였다. 허씨는 아버지가 살아계실 때 한 번도 기쁘게 해드리지 못 한 것이 후회스러웠다. 그는 아버지의 시신을 노루가 가리켜 준 곳에 모셨고 그 후 허씨 집안은 점점 나아지더니 나중엔 큰 부자가 되었다. 노루가 가리켜 준 곳이 그야말로 명당자리였던 모양이다. 그래서 후에 사람들은 그 자리를 노루목이라 부르게 되었다고 한다.

30 연미산 지네

공주시 우성면 쌍신리에 연미산이라는 산이 있다. 이 산에 대해서는 갖가지 전설이 전하여 오는데 그 중 하나는 한 농부에 관한 이야기이다.

옛날, 아득한 옛날 연미산 근처에 한 농부가 살고 있었다. 그는 연미산 아래에 많은 농토를 가지고 부지런히 일하면서 착하게 사는 농부였다. 그러나 한 가지 걱정거리가 있었다. 그것은 연미산에 살고 있는 암컷 지네가 농사를 망치고 있었기 때문이다. 그 연미산 지네는 금강에 사는 암컷 용과 사이가 나빴다. 그래서 그 지네와 용이 만나기만 하면 서로 싸우기 일쑤였다. 특히 그 용이 금강 하류에 사는 수컷 용을 만나러 가려고 하면 지네가 나타나 성가시게 굴었다. 그러면 그 용은 용대로 지네에게 맞서서 용감하게 싸웠다. 그들이 싸울 때면 서로에게 독을 뿜어대는데 지네는 붉은 빛깔의 독을 뿜었고 용은 푸른 빛깔의 독을 뿜어댔다. 이렇게 그 둘의 싸움은 치열했다. 둘이 서로에게 많은 독을 뿜어대면 그 독들은 농부의 농작물에게도 치명적으로 해로웠다. 그 독이 농작물에 닿으면 농작물은 바로 병에 걸렸는데 한 번 농작물이 병이 걸리면 다른 농작물들도 모두 망치고 마는 것이었다. 그래서 그 둘이 싸울 때마다 농부는 절망하지 않을 수 없었다. 일 년 내내 열심히 지은 농사가 모두 순식간에 허사가 되는 것이었다.

"어떻게 하여야 될까?"

농부는 이렇게 한 숨을 쉬곤 했다. 이 날도 농부는 어떻게 하여야 할지 생각에 잠겨 있다가 제일 좋은 방법은 지네를 죽이는 길밖에 없다고 결정했다. 그리하여 농부는 즉시 도끼를 들고 지네를 찾아 연미산을 올랐다. 그는 곧 지네가 사는 굴을 발견하고는 살금살금 안으로 걸어 들어갔다. 다행히도 마침 지네는 자고 있었다. 농부는 이때를 놓치지 않고 가지고 간 도끼로 지네를 내리쳐 죽여 버렸다. 그 날 밤 농부가 한참 잠을 자고 있는데 갑자기 가슴이 답답하고 숨을 쉬기 어려웠다. 잠을 깬 농부는 그만 놀라지 않을 수 없었다. 큰 기둥만한 시뻘건 지네가 농부의 몸을 칭칭 휘어 감고 있는 것이 아닌가? 농부는 몸을 빼려고 아무리 애를 써도 소용이 없었다.

"네가 살아남을 성 싶으냐? 나는 낮에 죽은 지네의 남편이니라. 너도 한번 죽어 보아라."

지네는 이렇게 소리치며 농부의 얼굴에 붉은 빛깔의 독을 내뿜기 시작했다. 농부는 그 독을 쐬자 금방 정신이 어지럽고 기운이 쑥 빠졌다. 기운을 잃고 죽어가고 있는 것이다. 바로 그때 놀라운 일이 일어났다. 어디선가 요란한 천둥소리와 함께 푸른 빛깔과 거센 물줄기가 방안으로 쏟아져 들어오기 시작했다. 그러자 농부를 감고 있던 지네가 몸을 풀고 서서히 물러나는 것이었다. 그것은 금강에 사는 용이 조화를 부려 지네로부터 농부의 목숨을 구해준 것임에 틀림없었다.

그 뒤 어느 날 밤 농부는 꿈을 꾸었다. 꿈에 용이 나타나 내일 강가에 나가보면 강물 속에서 반짝이는 구슬을 주울 수 있을 텐데 그것을 가지고 있다가 자기와 지네가 싸울 때 지네가 독을 뿜는 곳으로 그 구슬을 비추면 지네는 곧 죽을 것이라고 말했다. 잠에서 깬 농부는 이상한 꿈도 다 있다고 생각했지만 다음 날 강가에 나갔을 때 이상한 구슬 하나를 발견하였다. 농부는 그 구슬을 가지고 집으로 돌아와 용과 지네가 싸움을 시작하기를 기다렸다.

마침내 싸움이 시작되었다. 용은 금강 속에서 지네는 연미산 속에서 서로에게 치명적인 독을 뿜으며 무섭게 싸웠다. 농부는 그 기회를 놓치지 않고 빛나는 구슬을 들어 그것을 연미산 쪽으로 돌렸다. 그러자 구슬에서 이상한 빛깔이 연미산 쪽으로 발사되었다. 잠시 후 지네의 붉은 빛깔이 연미산에서 완전히 사라졌다. 지네가 죽고 용이 이긴 것이다. 용은 의기양양하게 하늘로 승천하였고 연미산에 평화가 찾아왔다. 이런 일이 있은 뒤부터 연미산 인근에서 흉년이 드는 일이 없어졌다. 농부는 열심히 일하며 즐거운 나날을 보냈다. 게다가 그 빛나는 구슬은 누구라도 원하는 것이 있으면 얻을 수 있는 여의주였다. 농부는 그 구슬을 가지고 행복하게 살다가 나중에 생을 마칠 때 여의주와 함께 연미산 어딘가에 묻혔다고 한다.

31 갑사 당산제

공주시 계룡면 중장리에 있는 갑사입구에는 오래된 커다란 당나무가 한 그루 서 있다. 해마다 정월 초사흘에는 갑사 스님들과 마을 사람들이 저녁때 이 나무 아래에 모여 당산제를 지낸다.

사실 절에서 당산제를 지내는 경우는 극히 드문 일이다 그런데 갑사에서는 흥미롭게도 매년 당산제를 지내고 있어 그 연유는 다음과 같다.

갑사는 고구려 스님 아도화상이 세운 것으로 이야기 되고 있는데 서기 420년(백제 구이신왕이 왕위에 오른 해)에 아도화상이 선산 땅에 도리사를 세운 뒤 돌아가던 중 계룡산 산중에서 신비한 빛이 한 줄기 쏘아져 나오는 것을 보게 되었다. 아도화상이 급히 그 곳으로 달려가 보니 그 빛은 갑사에서 동학사 가는 길 중간, 갑사에서 약 2 킬로미터 정도 떨어진 곳에 있는 지금의 천진보탑에서 나오고 있었다. 아도화상은 이것을 특이하게 여기고 그 탑 근처에 절을 세우니 그 절이 갑사였던 것이다.

갑사는 세월과 함께 발전하였다. 무령왕 3년에는 천불전이 건립되었고 그 뒤 위덕왕 3년에는 천불전이 더 확장되고 보광명전과 대광명전이 세워져 이들 건물과 함께 갑사의 위용은 한층 높아졌다.

그러나 그렇게 발전하는 갑사에 이상한 일이 생겼다. 갑사 마당에 있는 장명등은 한번 불을 붙이면 그 불꽃은 응당 밤새 꺼지지 않고 밤을 밝혔다. 그런데 어느 날 장명등의 불이 한 밤중에 꺼져 버린 것이다. 스님들은 처음에 그것이 바람 때문인 줄 알고 그 등에 다시 불을 붙여 보려고 했지만 허사였다. 이를 이상해 여겨 스님들이 석등 안을 들여다보니 장명등 안에는 기름 한 방울도 남아있지 않았다. 스님들은 이상하다고 여겼지만 그다지 대수롭지 않게 생각했다. 그러나 그런 일이 매일 밤마다 계속 되었다. 그래서 며칠 지나지 않아 스님들은 누군가 기름을 훔쳐간다는 것을 알아차리게 되었다. 그리하여 절에서는 기름도둑을 잡기 위해 승려들이 교대로 밤새 장명등을 지키기로 작정했다. 그 날 밤 승려 한 사람이 장명등 근처에 숨어서 도둑이 나타나기를 기다렸다. 그는 풀벌레들에게 물어 뜯기면서도 장명등만 지켜보았다. 밤이 깊어가는데도 아무도 오지 않았다. 얼마 후 그는 지루하게 장명등을 지켜보다가 졸기 시작했다. 그러다 반쯤 잠이 들었을 때 그는 불이 꺼진 것을 어렴풋이 느꼈다. 번쩍 정신을 차려 보니 장명등 앞에는 8척이나 되는 장정이 서서 기름을 따라내고 있었다. 그 승려는 더 생각할 것 없이 달려 나가 장정의 등덜미를 잡고 "도둑 잡았다!"하고 외쳤다.

절에 있는 모든 스님들이 달려 나와 그 도둑을 꼼짝 못하게 둘러쌌다.

"당신은 누구기에 불전을 밝히는 장명등의 기름을 훔쳐가는 거요?"

스님들이 그를 붙들고 이렇게 꾸짖었다. 그러자 그 키 큰 장정은 몸을 한바탕 흔들어 그들의 손을 뿌리치고 나서 말했다.

"나는 이 절 아래에 있는 당산신이다."

"당산신?"

승려들은 이렇게 되물었으나 당산신이라는 말에 당당하던 기세는 한풀 꺾였다.

"그런데 신령님께서 왜 밤마다 기름을 훔쳐가십니까?"

스님들이 이렇게 묻자 당산신은 그 이유를 말하기 시작했다. 그것은 사람들이 자기발치(나무뿌리)에다 담뱃불을 비벼 끄기 때문에 그것을 씻어내기 위해서 장명등에 있는 기름을 가져갔다는 것이었다. 그러면서 계속 말하기를 어느 여인에게 역병을 옮겨서 불공을 드리도록 하여 병을 고쳐주는 대신 시전을 좀 얻어내어 거기서 얻어지는 수확으로 자기를 잘 모셔주면 다시는 기름을 훔치지 않겠다고 하였다. 그러더니 그 당산신은 훌훌 걸어내려 갔다. 당산신이 돌아간 뒤 스님들은 의논을 하였는데 모두들 당산신의 말대로 하기로 정하였다. 그 뒤 스님들이 당산신이 시킨 대로 했더니 아무 일도 일어나지 않았다.

이런 일이 있은 뒤부터 매년 정월 초사흘 날이면 갑사에 있는 스님들과 마을 사람들이 정성을 다해 당산신에게 제사를 지냈다고 한다. 그랬더니 마을에는 화가 미치지 않고 복이 왔다고 한다.

32 쌀바위

공주시 의당면 월곡리에 있는 천태산에 동혈사라고 하는 절이 있다. 이 절에는 구멍이 뚫려 있는 바위 하나가 있는데 이 바위에는 전설이 전해 오고 있다.

아득한 옛날 이 동혈사에 주지승 한 명과 상좌승 한 명이 살고 있었다. 마침 주지승이 뜰을 천천히 거닐다 절 뒤에 있는 바위 근처를 지나가게 됐다. 주지승이 무심코 앞을 바라보았는데 웬 쌀이 바위 아래 놓여 있는게 아닌가.

"아니, 웬 쌀이 저기에 있지?"

주지승은 이상하게 생각하고 가까이 가서 살펴보니 바위 아래쪽에 있는 구멍에서 쌀이 한 알 씩 나오고 있었다. 그 주지승은 참 이상한 일도 다 있다고 생각하다가 이는 아마도 불공을 잘 드려 부처님이 갸륵하게 여기고 쌀을 보내주는 것이라고 생각했다. 쌀은 꼭 주지승과 상좌승이 한 끼 먹을 만큼 나왔다. 주지승은 상좌승을 불렀다.

"이 쌀을 그릇에 담아라."

"이 쌀이 웬 쌀이옵니까?"

"부처님이 우리를 갸륵하게 여기시고 주시는 쌀이다."

상좌승은 쌀을 그릇에 담았다. 조금만 더 나왔으면 하는 아쉬움이 있었지만 할 수 없었다. 그러면서 상좌승은 주지승이 마을에 내려가는 날이 오면 주지승의 몫까지 실컷 쌀밥을 먹어보리라 생각했다. 어째든 식량 걱정을 하지 않게 되어 좋았고 게다가 쌀밥을 먹게 된 것이다. 그 날부터 끼니때마다 두 사람이 먹을 만큼의 쌀이 나왔다.

그런 어느 날 동혈사에 나그네 한 사람이 지나다가 들렀다. 마침 점심때이고 나그네는 몹시 허기져 보였다. 주지승은 상좌승에게 빨리 점심을 지으라고 했다. 상좌승은 바위로 가는 도중 쌀이 두 사람 먹을 만큼만 나왔으리라 생각이 들자 짜증이 났다. 그러나 상좌승이 그곳에 갔을 때 그런 걱정은 하지 않아도 되었다. 쌀은 세 사람이 먹을 만큼 나와 있지 않은가. 참 신기한 일이다.

"아, 정말 이상한 일이구나, 쌀이 사람 수에 꼭 맞게 나오다니. 부처님은 참 고맙기도 하지!"

상좌승은 감탄을 금치 못했다. 상좌승은 그길로 돌아와 주지승에게 이 사실을 고하였다.

"그게 자비로운 부처님의 은혜로구나."

주지승도 기뻐하여 나무아미타불 관세음보살을 외우며 합장하여 배례하였다. 주지승은 이것이 더없이 큰 기쁨이고 자랑이었다. 그날 이후 상좌승은 부처님께 더 열심히 불공을 드렸다. 바위로 쌀을 가지러 갈 때나 쌀을 담아 가지고 올 때나 항상 나무아미타불 관세음보살을 외웠다. 그러나 그런 그와 상관없이 쌀은 더도 덜도 나오지 않았다.

그런 어느 날 주지승이 산 아래에 있는 마을에 볼 일이 생겼다. 주지승을 길을 떠나면서 너무 쌀에 대해 욕심을 부리지 말라고 당부했다. 상좌승은 그러겠다고 대답했지만 마음 한편으로는 두 사람 몫의 쌀이 나오면 쌀밥을 실컷 먹겠다고 생각했다. 주지승이 마을을 향해 떠나자 상좌승은 즉시 바위 앞으로 갔다. 쌀이 한 알씩 한 알씩 비죽비죽 나오고 있었다. 상좌승은 합장을 하고 염불을 하며 절을 올렸다. 그리고는 다시 방으로 돌아와 청소를 하고 나서 또 바위 앞으로 갔다. 여전히 쌀이 한 알씩 한 알씩 나오고 있었다. 다시 돌아와 불당에 있는 불상을 닦고 밥을 지으려고 그릇을 들고 바위 앞으로 갔을 때 상좌승은 쌀이 꼭 한 사람 분밖에 나와 있지 않는 것에 실망했다. 실망에 젖어 잠시 묵묵히 서 있던 상좌승은 좋은 생각이 떠올랐다.

"옳지, 구멍을 조금 크게 파서 쌀이 많이 나오게 하면 되겠네."

상좌승은 구멍을 깨뜨리기 시작했다. 그러자 구멍에서 쌀 대신 시커먼 피가 나오더니 나중에는 물만 나오고 말았다. 결국 그 물이 동혈사에 있는 샘이 되었다고 한다.

33 우금티

공주시 금학동에 우금티라고 하는 고개가 있다. 그 고개는 금학동에서 주미동으로 넘어가는 고개인데 도둑이 많아서 날이 저물면 소를 몰고 가는 것을 막았다고 해서 우금티라 했다고 한다. 다른 이야기 하나는 금송아지에 대한 전설인데 이에 대한 것은 다음과 같다.

옛날 아주 오랜 옛날 금학동에 김서방이라고 하는 사람이 살고 있었다. 김서방은 무던히도 마음씨 좋고 부지런한 사람이었다. 그뿐만 아니라 그는 효성이 지극해서 효자로도 널리 이름이 나 있었다. 그는 비록 가난하여 늙은 부모를 편안하게 모시지는 못했지만 부모님이 원하는 일이라면 눈을 팔아서라도 부모님을 봉양할 수 있는 사람이었다. 그만큼 그는 부모를 위해서 모든 정성을 다했다. 그런데 하루는 아버지가 갑자기 몸져눕고 말았다. 김서방은 하늘이 무너지는 것 같았다. 그리고 병든 아버지를 위해 약을 쓸 수 있는 처지가 아니었기에 암담하기도 했다. 어떻게 하여야 할지 아무리 생각해 보아도 돈을 구할 수 있는 좋은 방도가 떠오르지 않았다. 결국 생각다 못해 그는 산속에 있는 약수를 떠다 드리기로 마음을 먹었다. 약수라도 드시면 아버지의 병환이 차도가 있을지도 모른다고 생각했기 때문이다. 그 날부터 그는 날마다 약수를 떠다 드리면서 아버지의 회복을 위해서 기도를 드렸다.

이렇게 몇 달이 지난 뒤였다. 하루는 꿈속에 한 노인이 나타났다. 그 노인은 꿈속에서 우금티에 가면 금송아지가 한 마리 있을테니 그것을 가져다가 부모님의 병환을 고치라고 말하였다. 깜짝 놀란 김서방이 일어나보니 날이 밝기 시작하는 새벽이었다. 김서방은 그길로 일어나 꿈속의 노인이 말했던 곳으로 달려가 보았다. 정말 번쩍번쩍하는 금송아지가 거기에 있었다. 너무 좋아서 어쩔 줄 모르는 김서방은 송아지를 장에 끌고 가 팔았다. 그리고 그 돈으로 아버지의 약을 사서 드리니 아버지는 금세 회복되었다. 김서방은 남은 돈으로 새 집을 짓고 거기서 행복한 하루하루를 지냈다.

김서방의 금송아지 이야기는 금세 널리 퍼졌다. 그 소문은 건너 마을에 사는 박서방의 귀에까지 전해졌다. 박서방은 김서방과 달리 욕심이 많았고 불효막심한 사람이어서 아버지를 일부러 병들게 한 다음 날마다 약수를 떠다 주었다. 그리고 약수를 떠 올 때마다 마음에도 없는 기도를 했다. 그렇게 두 달이 지났다. 마침내 박서방도 김서방과 똑 같은 꿈을 꾸었다. 박서방은 기뻐서 어쩔 줄 몰랐고 날이 새자마자 노인이 말한 곳으로 달려갔다. 그랬더니 거기에는 정말로 금송아지 한 마리가 있었다. 박서방은 얼른 금송아지를 끌고 집으로 돌아왔다. 그는 금송아지를 마당의 말뚝에 매어 놓고 마루에 앉아 아침밥을 먹으며 부자가 될 꿈에 젖었다.

"저 금송아지를 팔아서 기와집을 한 채 짓고 그 다음 남은 돈으로 종을 한 열 명쯤 두고 부려먹어야지. 그래도 돈이 남으면 첩을 얻구, 그리고 만약에…"

박서방이 이런 생각을 하며 다가올 멋진 미래를 그리고 있을 때 갑자기 금송아지가 이리 뛰고 저리 뛰고 하면서 긴 울음소리를 내기 시작했다. 그리고 나서 갑자기 금송아지의 입에서 똥이 쏟아지기 시작했다. 처음에는 조금씩 쏟아지던 똥이 나중에는 콸콸콸 쏟아져 나왔다.

"이게 도대체 어찌 된 일이야. 금송아지가 금똥을 누지 않고 똥을 싸다니!"

박서방은 이렇게 떠들며 외치다가 마침내는 자신도 똥에 파묻혀 버리고 말았다. 그뿐만이 아니라 그 집도 온통 똥에 파묻히고 말았다. 결국 박서방은 똥 속에 파묻혀 질식해 죽었고 그의 집은 폐가가 되었다.

이런 일이 있은 뒤부터 금송아지가 있던 고개를 우금티라 하고 김서방과 박서방이 약수를 떠 오던 샘 근처를 샘골이라 부른다고 한다.

34 두암

공주시 신풍면 대룡리 입구에 말바위라고도 하고 두암이라고도 하는 바위가 있다. 이 바위는 집채 만 한 바위 위에 그 보다 좀 작은 바위 하나가 또 하나 올라앉아 있는데 그 위쪽 바위 위에는 말과 되가 나란히 새겨져 있다. 이 커다란 바위에 대한 전설은 다음과 같다.

오랜 옛날 대룡리에는 석숭이라는 부자가 살고 있었다. 그는 그렇게 큰 부자는 아니었지만 넉넉하게 살 정도가 되는 부자였다. 그래서 흉년이 들어 양식이 떨어졌거나 돈이 필요한 마을 사람들은 석숭의 집을 찾아가곤 했다. 석숭은 양식을 빌리자고 하면 거절하는 법이 없었다. 누구든 양식을 갚을 수 있는 사람이면 기꺼이 빌려 주었다. 그러나 석숭은 양식을 돌려받을 때에는 외상으로 빌려 줄 때와는 달리 선선하게 굴지 않았다. 그는 이자를 조금 더 받아내려고 철저하게 계산을 하였다. 그뿐 만 아니라 그는 궁리에 궁리를 거듭한 끝에 말과 되를 새로 만들었다. 그 새로 만든 말과 되는 그가 쌀을 빌려 줄 때 사용하는 말이나 되보다 훨씬 컸다. 그는 쌀을 외상으로 빌려 줄 때는 작은 말과 작은 되로 살살 재어서 주고, 쌀을 돌려받을 때에는 큰 말과 큰 되로 꾹꾹 눌러 담아 받아들였다. 이런 식으로 해서 그는 부자가 되었다. 이제 이웃 마을 주민들조차도 양식을 빌리러 석숭의 집을 찾게 되었고 양식이 떨어져 식량을 빌리려는 사람들이 사방에서 석숭의 집을 찾아왔다. 그리하여 석숭의 재산은 자꾸만 늘어났고 마침내는 천석군이 되었다. 이제 석숭이 굳이 돈에 욕심을 낼 이유는 없었다. 그러나 석숭은 속임수 거래를 멈추지 않았다.

그런 어느 여름날이었다. 찌는 듯한 무더위가 찾아왔다. 날이 너무 덥고 습기가 차서 마을사람들이 모여 앉아 날씨 걱정을 하였다. 더러는 삼십년만의 무더위라 하기도 하고 더러는 오십년만의 무더위라 하기도 했다. 하지만 무더운 날씨가 며칠간 계속되더니 갑자기 날씨가 확 변했다. 검은 구름이 하늘을 뒤덮은 가운데 장대 같은 소낙비가 쏟아지기 시작했고 순식간에 세상은 어둠 속에 빠져버렸다. 천둥소리와 함께 온 세상이 물에 잠기는가 싶자 갑자기 뒷산이 무너져 산사태가 났다. 산사태는 석숭의 집으로 쏟아져 내렸다. 순식간에 석숭의 집뿐만 아니라 그의 논밭까지도 모두 파괴되었다. 폭풍우가 지나 간 뒤 마을 사람들은 석숭의 집이 온데간데없이 사라졌고 집이 있던 곳에 큰 연못이 생긴 것을 발견했다.

"되로 주고 말로 받더니 하늘의 벌을 받았구나."

마을 사람들은 모두 이렇게 말했다. 그런데 이상한 일이 또 한 가지 있었다. 산사태가 난 산꼭대기에 큰 바위 하나가 솟아나 있었던 것이다. 그것은 집 채 만큼 큰 바위 위에 그것보다 조금 작은 바위가 올라앉아 있었던 것인데 마을 사람들은 신기한 생각이 들어서 그곳으로 올라가 보았다. 그랬더니 그 바위 위에 말과 되가 새겨져 있고 그곳에는 물이 가득 괴어 있었다.

"이것은 필경 수량을 속여 파는 거래를 하면 벌을 받게 될 거라는 경고로 하느님이 이곳에다 말과 되를 새겨놓은 모양이구나."

누군가 이렇게 말하자 마을 사람들은 모두 고개를 끄덕였다.

전설에 따르면 이 바위 속에는 커다란 구렁이가 한 마리 살고 있었다. 그 구렁이는 석숭의 화신이라고 하는데 이 바위 속에 내내 지내면서 오직 일 년에 한번 똥을 싸기 위해 바위 밖으로 몸을 드러낸다고 한다. 그 구렁이는 위아래 바위 사이에 똥을 싸놓았는데 볼 일이 끝나면 곧 바위 속으로 들어가 버렸다. 그런데 매년 사람들은 그 구렁이가 싸놓은 똥이 얼마나 되는지 확인해 보곤 했다고 하는데 그 똥이 적으면 흉년이 들었고 그 똥이 많으면 풍년이 들곤 했다. 이런 연유로 말바위가 있는 동네를 두암리라고 한다.

35 장자못

공주시 우성면 옥성리에 장자못이라고 하는 연못이 있는데 이 연못에는 다음과 같은 전설이 있다.

옛날 아주 먼 옛날 이곳 장자못이 있는 자리에 백만장자가 대궐 같은 집에서 호의호식하며 살고 있었다. 뿐만 아니라 그는 수많은 하인들을 거느리고 짐승처럼 혹사시키며 자기가 하고 싶은 일은 무엇이든지 다하며 살았다. 하인들은 주인이 시키는 일이면 무엇이든지 해야만 했지만 그렇게 열심히 일 했음에도 불구하고 먹을 것을 넉넉하게 주지 않아 많은 하인들이 굶주림과 과로의 고통을 당해야 했다.

때로는 이웃마을의 주민이 양식을 빌리러 오기도 했는데 그런 경우에는 양식을 빌려 주고 아주 높은 이자를 쳐서 돌려받아 많은 이득을 취하였다. 그리고 가난한 사람이 빚을 갚지 못하자 집이든 땅이든 빼앗아 갔다. 더욱 고약한 것은 빚을 갚지 못하면 아내까지도 빼앗아간 일도 있었다.

이와 같이 나쁜 짓만 하는 그를 하늘은 그냥두지 않았다. 옥황상제는 사자를 한 사람 보내 백만장자를 심판하기로 하였다.

어느 날 그 부잣집 주인은 평소처럼 잔치를 벌였다. 그는 수많은 첩들에 둘러싸여 잔치의 기쁨을 만끽하고 있었다. 그가 취흥이

도도해서 첩 중의 한 여자를 붙잡고 춤을 추고 있는데 갑자기 대문 앞에서 목탁소리가 들려오고 뒤이어 염불소리가 청승맞게 들렸다. 그 부잣집 주인은 춤추던 것을 그만 두고 밖에 대문을 쳐다보았다. 거기에는 남루한 옷차림의 늙은 스님 한 분이 서서 염불을 외우며 목탁을 두드리고 있었다. 부잣집 주인은 불쾌한 생각이 들었다.

"잔치집 앞에서 어떻게 감히 청승맞게 염불을 할 수가 있는 거야!"

부잣집 주인이 소리를 질렀다.

"동냥 좀 주십시오."

"동냥?"

"예 그렇습니다."

"좋아, 그럼 주지."

이렇게 이야기하자마자 부잣집 주인은 아직도 술이 깨지 않은 벌건 얼굴로 뒷간으로 갔다. 그리고는 거기서 똥을 한 바가지 퍼다가 스님의 동냥자루 속에 부어 주었다.

"이제 되었느냐? 나는 이런 동냥 밖에 줄 수 없느니라."

"나무아미타불 관세음보살." 스님은 이렇게 대꾸하며 돌아섰다.

부잣집 주인도 유쾌하게 웃으며 자리로 돌아왔다. 이 광경을 본 머슴 하나가 늙은 스님이 불쌍해서 견딜 수 없었다. 주인 몰래 광으로 들어가 쌀을 한 바가지 퍼가지고 나와 마을 밖을 벗어나고 있는 노스님을 쫓아가 따라잡았다. 스님께 쌀을 드리자 스님은 엷게 미소를 지으며 입을 열었다.

"지금 곧 내 뒤를 따라오시오. 만일 그렇지 않으면 생명이 위태롭습니다. 그러니 아무소리 말고 따라오기만 하시오. 그리고 뒤에서 어떤 소리가 나더라도 절대 뒤돌아보지 마시오. 앞만 보고 가시오. 만약 뒤돌아보면 큰일납니다."

늙은 스님은 이렇게 말하고는 성큼성큼 걷기 시작했다. 머슴은 무슨 말인지 잘 알아듣지는 못했지만 그 스님이 하라는 대로 따라 나섰다. 그들이 채 스무 발자국을 걸어갔을 때였을까 하늘에서 벼락치는 소리와 함께 뒤에서 무시무시한 소리가 들려왔다. 한참을 가다가 늙은 스님이 걸음을 멈추고는 머슴에게 뒤를 돌아다보라고 말했다. 머슴이 뒤를 돌아다보자 그 부잣집 주인의 대궐 같은 집은 온데 간데 없고 커다란 연못이 그 자리에 생겨 있었다. 그제야 하늘이 벌을 내린 것을 안 머슴은 자기도 가까스로 벌을 면한 것에 안도하였다.

36 용못

공주시 옥룡동에 용못이라고 하는 연못이 있는데 여기에는 다음과 같은 전설이 전하여 오고 있다.

옛날 백제시대에 이곳 용못이 있는 자리에 공주 지방에서는 제일가는 부자가 살고 있었다. 이 부자와 그의 아내는 젊은 부부였는데 아무 것도 부족한 것이 없었다. 아쉬운 것도 없고 부러운 사람도 없었다. 그래서 그들은 자연히 점점 교만해지고 인색해져서 가난한 사람한테 동냥을 주어 보질 않았다. 더러 이웃마을의 어려운 사람들이 양식이 떨어져 빌리러 오는 일이 있어도 그 부자는 거들떠 보지도 않았다. 이처럼 그는 구두쇠로 소문나 있었다. 거기다가 그 젊은 부자는 성질이 점점 거칠고 난폭해져서 마을 사람들은 아무도 그에게 다가가지 않았다.

그런 어느 날 그 부자는 텃밭에 나가 하인들에게 일을 시키고 그의 아내는 베틀에 앉아 베를 짜고 있었다. 하인들은 졸음을 쫓으며 열심히 일을 하고 있을 때 그 집 대문가에 늙은 중이 한 사람 왔다.

"나무아미타불, 부처님께 시주 좀 해주시기 바랍니다."

중은 목탁을 두드리며 이렇게 동냥을 청했다. 중은 그 집 주인이 구두쇠인 줄도 모르고 계속 목탁을 두드렸다. 텃밭에 있던 그 젊은 부자가 멀리서 중을 지켜보다가 부리나케 달려왔다.

"여보시오, 해가 다 져 가는데 여기서 무얼 하는 거요? 동냥을 하려거든 내일 다시 오시오."

젊은 부자는 그 중에게 삿대질을 하며 소리쳤다. 그러자 그 늙은 중은 아무 말 없이 돌아갔다. 다음 날 정오쯤에 그 부자가 점심을 먹고 있는데 늙은 중이 다시 와서 목탁을 두드리기 시작했다. 젊은 부자는 이맛살을 찌푸리며 중을 사납게 노려보았으나 중은 아랑곳 하지 않고 계속 목탁을 두드렸다.

"어제 그냥 돌아갔으면 되었지. 오늘 무엇 하러 또 왔소? 우리 집에는 줄 거라고는 아무 것도 없소."

젊은 부자는 버럭 소리 질렀다. 그래도 중이 목탁을 치며 염불을 계속하자 그는 화가 나서 돌연 뜰아래로 내려오더니 마당가에 두엄이 쌓여 있는 곳으로 갔다. 거기서 두엄을 한 삽 떠서는 그것을 중 앞으로 가지고 왔다.

"이거라도 받고 싶으면 가져가시오."

"고맙습니다. 나무아미타불."

중은 이렇게 말하고는 동냥자루를 그 부자 앞으로 내밀었다. 그러자 그 부자는 머뭇거리지도 않고 두엄을 그 자루 속에 부었다. 그러고 나서 그는 퉁명스럽게 중에게 물었다.

"이제는 되었소?"

중은 얼굴색깔이 좀 변해서 그 부자에게 "당신 집안은 이제 곧 망할 것이오." 하고 말했다.

그러나 그 젊은 부자는 코웃음을 쳤다. 중은 부자를 물끄러미 바라보다가 두 손을 모으고 주문을 외우더니 훌훌 그 자리를 떠나버렸다. 중이 사라지자마자 맑은 하늘이 순식간에 검은 구름에 휩싸이더니 천둥소리와 함께 억수로 비가 내리기 시작했다. 비는 조금도 멈출 줄을 몰랐다. 천둥소리가 더 요란해졌고 번개불이 더 번쩍번쩍했다. 그야말로 하늘이 내려앉은 것 같았다. 시간이 한참 지나서야 비가 그쳤는데 그 부자네 집은 보이지 않았다. 사라져 버린 것이다. 대신에 그 자리에는 큰 연못이 생겨 있었다. 잠시 뒤 그 새 연못에서 커다란 용이 꿈틀거리고 나오더니 하늘로 승천해 올라갔다. 이런 일이 있은 후 그 연못은 용못이라 불려왔다.

37 쇠뿔둠벙

공주시 신풍면 대룡리에 쇠뿔둠벙이라고 하는 연못이 있다. 이 연못에 대해서는 하늘에서 쫓겨난 선녀의 이야기가 얽혀있어 흥미롭다.

옛날도 아주 아득한 옛날 이곳에는 하늘에서 내려온 한 선녀가 살고 있었다. 선녀가 이 속세에 살게 된 것은 하늘나라에서 옥황상제의 연적을 깨뜨려 이곳으로 쫓겨났기 때문이었다.

선녀는 늘 수심에 싸여 있었는데 그도 그럴 것이 사람들이 사는 세상에서의 생활은 불편한 것이 너무 많았기 때문이다. 그녀는 친구도 없었고 그렇다고 할 일도 별로 없었다. 이 세상에서 선녀가 할 수 있는 유일한 일은 하늘에서 데리고 온 두 마리 소를 기르는 것뿐이었다. 그녀는 이따금 소를 몰고 들에 나가 풀을 뜯게 하였다. 그럴 때면 선녀는 언덕에 앉아 하늘나라에서의 생활을 그리워하곤 했다. 그녀는 진심으로 하늘나라고 돌아가고 싶어했고 옥황상제를 노하게 한 것을 뼈저리게 후회했다.

"그 연적을 깨지 않았더라면 지금쯤 친구들과 어울려 즐겁게 보내고 있을텐데."

선녀는 이런 생각을 하며 한 숨을 쉬었다. 그러나 그런 생각도 세월이 가면서 점점 잊혀졌다. 어느 날 선녀가 집에서 베를 짜고 있는데 연못가에서 풀을 뜯고 있던 소들이 우는 소리를 들었다. 그 소리는 무엇인가 몹시 괴롭고 다급한 소리였다.

"왜 소가 저렇게 소리를 지르지?"

선녀는 걱정이 되었다. 즉시 짜던 베를 그만 두고 연못으로 달려갔다. 가보니 소 한 마리가 없어지고 보이지 않았다. 이게 어떻게 된 일일까? 선녀는 초조하게 사방을 둘러보다가 연못에 쇠뿔 두 개가 떠있는 것이 보였다.

"어떻게 된 일이지?"

선녀는 발을 동동 구르며 이렇게 소리쳤다. 그런데 그때 놀라운 광경이 일어났다. 연못의 수면이 갑자기 부글부글 끓기 시작하는 것이 아닌가? 선녀는 겁이 나서 즉시 연못을 떠나 집으로 돌아왔는데 오면서 선녀는 다음 날 연못가에 숨어서 상황을 지켜보리라 생각했다. 다음 날 점심때가 조금 지나서 선녀가 연못가에서 좀 떨어져 몸을 숨기고 있는데 괴이하게 생긴 동물이 연못 위로 몸을 드러내더니 사방을 두리번거렸다. 그때 선녀는 그 동물을 향해 돌멩이를 힘차게 던졌다. 돌멩이가 동물 근처에 떨어지자 동물은 처음에 몸을 움찔하더니 순식간에 물속으로 들어갔다. 그러나 잠시 후 다시 사납게 물 위로 몸을 드러내더니 물가의 남은 소에게로 덮쳐가 입에 물고는 물속으로 들어갔다.

"저런, 저걸 어떻게 해야 하지?"

선녀가 자기도 모르게 이렇게 소리를 지르며 연못가로 달려갔을 때 연못물은 이미 잠잠해져 있었다. 선녀는 죽은 소의 복수를 위해 그 괴이한 동물과 맞서 싸우기로 작정하고 즉시 물속으로 뛰어 들었다. 그녀는 물속을 이리저리 헤엄치며 괴물을 찾기 시작했다. 그러나 아무 것도 보이지 않았다. 그런데 잠시 후 물이 부글부글 끓어오르며 캄캄해지기 시작했다. 선녀는 아무것도 보이지 않아 물 위로 나오려고 했으나 어쩐지 몸이 말을 듣지 않았다.

"이제는 내가 죽게 되었구나!"

선녀는 이렇게 생각하며 하늘을 우러러보며 자기를 살려 달라고 빌었다. 그 순간 물속이 밝아지더니 하늘에서 동아줄이 내려왔다. 선녀는 그것을 잡고 하늘로 올라갔다.

이런 일이 있은 뒤 이 연못에 쇠뿔 네 개가 솟아 올라왔으나 그 괴물은 나타나지 않았다. 사람들은 오랫동안 그 연못 속에 괴물이 살고 있다고 믿었다. 이런 이유로 사람들은 이 연못을 쇠뿔둠벙이라고 한다.

38 구린내

공주시 우성면 동대리에 구린내라고 하는 마을이 있고 이 마을 서북쪽에 구린내보라고도 하고 통천보라고도 하는 보가 있다. 구린내라는 이름에 대해서는 여러 가지 전설이 있는데 그 중 하나가 그 보에 대한 전설이다.

옛날 이 마을에 오봉수라고 하는 아들을 가진 농부가 살고 있었다. 그 농부는 어느 날 꿈을 꾸었다. 꿈속에서 어떤 신인이 나타나 유구천의 물을 막아 보를 만들어 논에 물을 대라고 말했다. 그리고는 그런 말과 함께 지금의 구린내보가 있는 곳에 푯말을 꽂아주었다. 잠에서 깬 오봉수의 아버지는 그 꿈이 너무 사실적이어서 다음날 아침 그 신인의 말을 좇아 유구천을 가로질러 댐을 만들기 시작했다. 이렇게 해서 통천보가 생겼다. 그 보는 마을 사람들에 매우 유용해서 우성평야에 물을 대고 홍수를 막아주는데 사용되었다. 게다가 주변 풍경과 어울려 아주 아름다운 경치를 자아내기도 한다.

그런데 통천보는 아주 길고 커서 세월이 흐르면서 자연스럽게 윗보와 아랫보로 나뉘게 되었다. 윗보는 아랫보만큼 넓고 깊지는 않았지만 상당히 깊어서 육안으로는 물속의 깊이를 헤아릴 수 없었다. 게다가 물이 검푸르게 때문에 때로는 무시무시한 느낌도 들었다.

전설에 따르면 윗보에는 백년 묵은 숫구렁이가 살고 있었고 아랫보에도 역시 백년 묵은 암구렁이가 살고 있었다. 구렁이들은 어찌나 큰지 물 위를 가로질러 갈 때면 물이 봇물이 넘쳐흘렀다. 이 구렁이들은 오래전부터 서로를 사랑하고 있었다. 두 구렁이는 따로따로 살았지만 서로 보고 싶을 때는 언제든지 자유롭게 상대편에게 가서 사랑을 나누었다. 그처럼 그들은 통천보에서 함께 평화로운 세월을 보내고 있었다. 하지만 언제부턴가 커다란 지네 한 마리가 윗보와 아랫보 중간에서 살게 되었다. 지네는 대부분 시간을 물속에서 쉬며 지냈지만 가끔씩은 물 표면으로 헤엄쳐 올라오기도 하였다. 그런데 그 지네가 구렁들에게는 천적이었던 것이다. 한 구렁이가 상대 구렁이를 만나기 위해 그 앞을 지나기라도 하면 지네가 거칠게 달려들곤 하였다. 지네의 공격은 아주 사나워서 그 날카로운 발톱으로 구렁이의 몸을 감고 할퀴었다. 그럴 때마다 구렁이의 상채기에서는 피가 흘러내려 오랫동안 고생을 하였다. 그리고 지네가 그렇게 공격을 해대자 구렁이들은 마음대로 서로를 만나러 다닐 수도 없게 되었다. 구렁이들은 서로를 몹시 보고 싶어했지만 함부로 그럴 수도 없었다. 그들이 마지막으로 만난 지도 한 달이 넘어갔다. 윗보에 사는 숫구렁이는 짝을 보고 싶어 견딜 수가 없었다. 아랫보로 당장 달려가고 싶었지만 그럴 수도 없었다. 어쩔 수 없이 며칠을 그렇게 암구렁이를 그리워하며 보냈다. 그러나 하루는 암구렁이를 너무 그리워하다가 자기도 모르게 아랫보로 달려갔다. 이때를 놓칠 새라 지네가 숫구렁이에게 달려들었다. 지네는 구렁이의 몸을 감고 목을 물어

뜯었다. 숫구렁이는 고통 속에 몸을 비틀어대다가 마침내는 피를 흘리며 서서히 죽어갔다.

죽은 숫구렁이의 몸뚱아리가 물살에 떠내려가 아랫보에 이르렀다. 숫구렁이를 초조하게 기다리던 암구렁이는 짝의 죽음을 보았다. 암구렁이는 절망에 빠져 숫구렁이의 복수를 다짐했다. 암구렁이는 즉각 지네에게 달려갔다. 지네는 암구렁이를 기다리고 있었다. 분노한 암구렁이는 지네에게 달려들었다. 처절한 싸움이 시작된 것이다. 그러나 결국은 암구렁이도 패하여 죽고 말았다.

그리하여 구렁이 두 마리의 시체가 아랫보에서 썩기 시작했다. 그 때문에 아랫보의 봇물이 온통 누르스름하게 부패하고 악취가 나기 시작했다. 그 썩은 냄새와 색깔이 너무 지독해서 지금도 아랫보의 물에 그 흔적이 남아있다고 한다. 그리고 그와 같은 이유로 통천보 가까이 있는 마을 이름도 구린내라 부르게 되었고 통천보도 구린내보라 불리게 되었다고 한다.

39 보물리 정자나무

공주시 정안면 보물리에 수령이 5, 6백년이 넘는 큰 정자나무가 있다. 이 나무는 그 둘레가 8m가량이나 되어 다른 곳에서는 좀처럼 보기 힘든 나무인데 이 커다란 정자나무에는 다음과 같은 전설이 전하여 오고 있다.

옛날 아주 오랜 옛날에 이곳에는 마음씨가 착하고 부지런한 농부가 살고 있었다. 농부는 아내와 함께 부지런히 일하며 행복한 가정을 이루고 살았다. 그런데 딱 한 가지 아쉬운 것이 있다면 그것은 슬하에 자식이 없다는 것이었다. 농부 내외는 자식을 하나 갖는 게 소원이었다. 그래서 농부 내외는 마당 구석에 있는 장독대 위에 물을 한 그릇 떠놓고 아들을 하나 갖게 해달라고 아침저녁으로 빌었다. 그런 어느 날 꿈을 꾸었다. 꿈속에서 그들 농부 내외가 마루에 앉아서 이야기를 하고 있는데 어디선가 이상한 새가 한 마리 날아와 뭐라고 자꾸 지껄이는데 그 내용인 즉 "당신들의 자식은 마을 한복판에 있는 바위 밑에 있으니 앞으로 열 달 동안 바위만 잘 섬기면 된다."라는 것이었다. 새 소리는 처음에는 조그맣게 들렸는데 점점 소리가 커져 시끄러울 정도가 되었다. 농부 내외는 손바닥으로 귀를 막다가 잠에서 깼다. 꿈에서 깨어난 농부 내외는 이상한 일도 다 있다고 생각했지만 새가 시킨 대로 하기로 마음먹었다. 그 다음 날 농부 내외는 바위 앞에 꿇어앉아서 부디 아들을 하나만 갖게 해달라고 빌기 시작했다. 이렇게 몇 달이 지나갔다. 하지만 농부의 아내에게 아이는 생기지 않았다. 성급한 농부는 화가 나서 그만 바위를 깨뜨리고 말았다. 그랬더니 바위가 산산이 부서져 흩어지면서 검은 연기만 피어올랐다. 그것은 좀 이상한 일이었지만 농부는 곧 그 바위에 대한 일을 모두 잊고 말았다. 그런데 이듬해에 이상한 일이 일어났다. 이상하게도 그 바위가 있던 자리에서 조그만 나무 하나가 솟아오르기 시작했다. 농부 내외는 그것을 어떤 징험이라고 생각하고 나무를 잘 가꾸기 시작했다. 그랬더니 이 나무는 무럭무럭 자라서 마을의 다른 어떤 나무보다 배나 빨리 자랐다. 농부 내외는 이 나무가 마치 자기 아들이나 되는 것처럼 소중하게 기르다가 마침내 둘 다 세상을 떠났다. 그 뒤 이 나무에는 뻐꾸기 한 쌍이 날아와서 집을 짓기 시작했다. 마을 사람들은 농부 내외가 죽어서 뻐꾸기로 환생한 것이라고 여기며 잘 보호해 주었다. 마을 사람들의 보살핌 속에 뻐꾸기 한 쌍은 새끼를 잘 낳아 크게 번성하였다.

그런데 어느 해 마을에 불이 났다. 마을 사람들이 달려들어 불을 끄려고 하였으나 강풍이 불어서 마을은 온통 불바다가 되고 말았다. 다행히도 정자나무가 불길을 가로막아 아랫마을은 파괴되었지만 웃마을은 괜찮았다. 반면에 나무에 살던 뻐꾸기들은 모두 불길에 타죽고 말았다. 그 이후 뻐꾸기가 이 나무에 날아와서 울기만 하면 마을에는 이상하게도 불이 일어났다.

전설에 따르면 농부 내외가 열 달이 아니라 몇 개월 동안만 기도를 했기 때문에 그들의 아이로 태어날 예정이었던 어린아이가 연기로 변해 사라졌고 정자나무가 그 아이를 대신하게 되었던 것이다. 빼꾸기는 농부 내외의 화신으로 아들이 될 뻔했던 자식의 죽음을 잊지 못하여 마을에 찾아와 살게 된 것이다. 그러다가 아들 격인 정자나무에 불이 붙자 그 한 쌍의 빼꾸기는 너무 안타까워 목청이 다하도록 구슬프게 울다가 정자나무를 차마 떠나지 못하여 그곳에서 죽고 만 것이다. 간신히 살아남은 다른 빼꾸기 가족들은 그 살아남은 정자나무를 보며 안타까워했다. 그러다가 저도 모르게 빼꾹빼꾹하고 울기 시작했는데 그것이 오늘날 사람들이 그 새들을 빼꾸기라고 부르게 된 연유라고 한다.

지금도 마을에 불이 일어날 조짐을 보이면 빼꾸기는 어디선가 날아와 빼국 빼꾹 하고 운다고 한다. 그 때문에 마을 사람들은 빼꾸기가 우는 것을 조심스러워 한다.

40 공우탑

공주에 있는 갑사에서 대숙전으로 계곡을 따라 가다보면 길가에 삼층으로 된 석탑을 발견할 수 있는데 이 탑의 이름은 공우탑이다. 이 탑은 원래 갑사 동쪽 산중의 남사자암터에 있던 것을 옮긴 것으로 이 탑에 대해서는 다음과 같은 전설이 전하여 오고 있다.

지금으로부터 417년 전 임진왜란이 일어났다. 벌떼처럼 우리나라에 침입한 왜적들은 닥치는 대로 사람을 죽이고 집에는 불을 지르고 마을을 약탈했다. 게다가 그들은 신성한 절간에까지 쳐들어와 보물을 훔치고 이에 응하지 않으면 불을 질렀다.

갑사는 다행히도 임진왜란 동안에는 무도한 왜적들의 약탈을 피할 수 있었다. 그러나 몇 년 뒤 왜적이 다시 우리나라에 침입하였을 때는 전처럼 운이 따르지를 못했다. 왜적이 갑사로 쳐들어와 불을 질렀던 것이다. 절은 삽시간에 모두 불타버렸고 갑사에 살던 스님들은 삶의 터전을 잃어버리고 말았다. 더 이상 이곳에서 생활을 계속할 수 없었다. 그래서 대부분 스님들이 절을 떠나게 되었는데 더러는 다른 절에서 새 생활을 시작하기 위해 떠나기도 했고 더러는 각자 할 일을 찾아 떠나기도 했다. 갑사에 남은 스님은 얼마 되지 않았다. 겨우 네 분의 스님만 남게 되었는데 그 스님들은 인호, 경순, 성안, 병윤 스님이었다.

"어떻게 해서라도 절을 다시 세워 봅시다." 인호 스님이 이렇게 먼저 제안하자 다른 스님들도 모두 찬성하였다.

그러나 왜적과 7년간의 전쟁으로 국력이 모두 소진한 상태라 그런 상황에서 절을 다시 짓는다는 것은 정말 어려운 일이었다. 게다가 전쟁으로 인해 모든 농작물은 망친 상태이고 사람들은 굶주려 있는 때였다. 네 분 스님은 멀리 떨어진 마을에까지 동냥을 구하러 다녔지만 사람들한테서 넉넉할 만큼의 시주를 얻을 수는 없었다. 그만큼 살기가 어려워서 누구하나 남을 도와준다거나 시주를 하는 사람은 별로 없었다. 동냥을 다니는 동안 네 분 스님들은 몸은 지치고 허기는 지고 발은 부르텄지만 계속 다니면서 시주를 구했다. 7년을 그렇게 힘들게 동냥해서 모은 돈이 이제는 대웅전 하나는 지을 정도가 된 것 같았다. 그들은 절을 짓는 일에 착수했다. 목수와 인부들을 불러오고 절을 짓는데 필요한 물건들을 사들였다. 절을 다시 짓는 작업은 착착 진행되었다. 그러나 모아놓은 돈만으로는 절을 완성하는데 충분치 않을 것만 같았다. 돈을 이미 반 절 이상 쓴 상태였던 것이다. 인호스님은 절을 완성하지 못하게 될까봐 더럭 겁이 났다.

"절을 짓다가 중단하면 차라리 시작하지 않은 것만 못하지 않은가?"

인호스님은 걱정이 아닐 수 없었다. 그는 낮에는 부처에게 절을 짓게 해 달라고 빌었지만 밤에는 잠을 잘 수 없었다. 그런 어느 날 밤 인호 스님은 꿈을 꾸었는데 꿈속에서 웬 소 한 마리가 절을 짓느라 분주한 절간 마당을 걸어 들어오고 있었다. 마당에 있던 일꾼들이 이를 보고 "저리가 이 놈의 소!"하고 고함을 질렀다. 그러나 소는 일꾼들은 거들떠보지도 않고 인호 스님이 있는 앞으로 걸어오더니 "스님 이 절은 제가 지어드리겠습니다. 너무 걱정하지 마십시오." 하고 말을 하고 나서는 사라졌다. 잠에서 깬 인호스님은 아무래도 이상한 꿈이라고 생각되어 일어나 절 마당을 내다보았다. 그러자 이게 웬일인가. 거기 깜깜한 어둠 속에 틀림없이 꿈에서 보았던 커다란 소 한 마리가 서 있는 것이 아닌가? 인호 스님은 뜬 눈으로 밤을 새웠다. 이튿날 아침 일찍 마당에 나가보니 소는 밤새 절을 짓는데 필요한 재목과 기와 등을 마당에 가득 실어다 놓았다. 그 이후로 소는 밤마다 많은 건축자재들을 실어 날랐다. 절은 곧 완성이 되었다. 그러나 소는 며칠 가지 않아 지치고 병들어 죽었다. 갑사에 있는 스님들은 소를 잘 장사지내고 소의 공덕을 기리기 위해 공우탑을 세워 주었다고 한다.

41 은진 미륵

논산시내 관촉동에 가면 관촉사라는 절이 있다. 이 절에는 높이 18m나 되고 둘레가 10m나 되는 커다란 석불이 있는데 이 석불은 은진에 있다고 해서 은진미륵이라고 불린다.

고려시대 광종 19년 어느 봄날 사제촌에 사는 한 나이든 여인네가 동네 앞에 있는 반약산에 올라 고사리를 꺾고 있었다. 한참 고사리를 꺾고 있는데 어디서 어린아이의 울음소리가 가느다랗게 들려왔다.

"이 산 속에 웬 일로 어린아이가 울고 있을까?"

여인네는 귀를 기울여 그 소리를 듣다가 자기도 모르게 그 우는 소리 쪽으로 발걸음을 옮겼다. 어린아이가 울고 있는 곳은 그 곳에서 멀지 않은 곳이었다. 그런데 아이는 보이지 않고 울음소리만 계속 들렸다. 이상한 일도 다 있다고 생각하며 다시 한번 주위를 둘러보는데 큰 바위가 하나 솟아오르는 것이 아닌가. 어린 아기처럼 울음소리를 내는 것은 바로 그 바위였다. 여인네는 질겁을 하고 집으로 돌아왔는데 집에는 마침 사위가 와 있었다. 그녀가 조금 전에 있었던 일을 사위에게 말하자 사위는 그 이야기를 듣더니 그럴 리가 있느냐고 하면서 직접 산으로 올라갔다. 사위는 산에 올라가 장모의 이야기가 사실임을 확인하자 그는 곧 동헌으로 달려갔다. 이렇게 해서 바위에 관한 이야기가 마침내 나라 조정에까지 알려지게 되었다. 임금은 곧 대신들을 모아놓고 바위가 솟아오른 것이 무슨 징조인지를 물었다. 대신들은 모두 한결같이 그것은 부처를 만들라는 계시라고 말했다. 임금은 신하들의 의견을 받아들여 부처를 만들기로 하였다. 조정은 부처를 만드는 책임을 혜명이라는 스님에게 맡기게 되었고 혜명스님은 백 명이 넘는 석수를 모집하여 그 바위에 부처를 새기게 하였다.

석수들이 그 바위에 부처님를 새겼을 때 부처 모습의 반 밖에는 새겨지지 않았다. 그 이유는 바위가 부처의 전신상을 새길 수 있을 만큼 그렇게 높지 않았기 때문이다. 그래서 혜명스님은 연산에 있는 큰 바위를 하나 날라와 거기다 나머지 상반신을 조각하게 하였다. 몇 해가 지나 상반신의 조각이 모두 끝났을 때 문제가 또 하나 남아 있었다. 그것은 상반신의 바위가 너무 무거워 그것을 부처님의 하반신 바위 위에 올려놓을 수가 없었던 것이다. 그것은 혜명스님에게 큰 걱정거리가 아닐 수 없었다. 그러던 어느 날 그는 사제촌에 있는 냇가를 거닐고 있었다. 그 때 냇가에서 어린아이들이 미륵쌓기놀이를 하고 있었다. 혜명스님은 어린아이들이 하는 짓이 하도 귀여워서 가만히 바라보고 있었다. 아이들은 진흙으로 만든 조그만 미륵상을 세 부분으로 만들어 놓고,

"미륵을 세우자. 미륵을 세우자."

하며 노래를 부르면서 먼저 미륵의 아랫도리 부분을 세우고 모래로 파묻은 다음 그 위에 미륵의 몸통부분을 올리고 다시 모래를 긁어모아 묻었다. 그런 다음 미륵의 맨 윗부분을 올려놓고 세 개의 몸체가 모두 다 맞추어지자 아이들은 모래를 파내기 시작했고 그러자 완전한 하나의 미륵상이 나오게 되었다.

"오호라, 바로 저것이로구나!"

그제서야 미륵 쌓는 법을 깨우친 혜명 스님은 아이들에게 가까이 가보니 어느새 아이들은 온데 간데 없어 졌는데 전하는 말에 따르면 그 아이들은 문주보살의 현신이었다고 한다. 이리하여 혜명 승님은 무사히 은진미륵을 세울 수 있게 되었다.

그 후 북쪽의 오랑캐들이 고려를 쳐들어왔다. 오랑캐들은 고려를 단숨에 삼킬 듯 압록강에 이르렀다. 그런데 압록강물이 어찌나 깊고 세차게 흐르는지 그들은 감히 강을 건너지 못하고 우왕좌왕하고 있었다. 이 때 마침 스님 한 분이 가사를 입고 삿갓을 쓴 채 맞은 편 강둑에서 뛰어내려 강물을 늠름하게 건너오고 있었다. 그 스님은 마치 얕은 냇물을 건너오는 것처럼 아주 쉽게 강물을 건너오는 것이었다. 이를 본 오랑캐의 대장은 크게 소리쳐,

"옳지, 저기 중이 지나온 곳이 얕은 곳이로구나. 모두 저 중이 지나온 곳으로 가서 강을 건너가도록 하여라."하고 명을 내렸다. 오랑캐 군사들이 그 스님이 이르렀던 강둑으로 달려가 강물로 뛰어 내렸다. 그러나 그들은 뛰어내리는 그대로 모두 깊은 강물에 빠져 죽고 말았다. 오랑캐 대장은 스님에게 속았다는 것을 알고 화가 머리 꼭대기까지 났다. 그는 칼을 빼들어 그 스님의 머리를 내려쳤다. 그러나 그 칼날은 스님이 쓴 삿갓의 한 쪽을 스쳤을 뿐이고 순식간에 스님은 온데간데 없이 사라지고 없었다.

전하는 바에 따르면 그 스님은 은진미륵이 나라의 위급을 구하기 위하여 변신하여 나타난 것이라 한다. 지금 은진미륵의 갓을 보면 한 쪽 귀퉁이가 떨어져서 꿰맨 것을 볼 수 있는데 이것은 그 스님이 오랑캐 대장의 칼에 맞은 흔적이라고 한다.

42 수쾡이 굴

논산시 관촉동에 수쾡이 굴이라는 굴이 있다. 이 굴은 은진미륵이 있는 관촉사에서 오른쪽으로 올라가면 바위틈에 끼어 있는 굴로서 굴의 내부는 넓이가 1척쯤 되고 높이가 두 길 정도 되는 굴이다. 이 굴은 원래 숙향이 굴이라고 불리던 것이 오늘날에는 수쾡이 굴이라 불리게 되었는데 이 굴에 대한 전설은 다음과 같다.

옛날 백제시대에 부여 백마강가에 가난한 농부 한 사람이 아내와 딸 한 명과 함께 가난을 탓하지 않고 열심히 일하면서 살고 있었다. 그런데 어느 날부터 갑자기 아내가 시름시름 앓더니 결국은 세상을 떠나고 말았다. 농부는 아내를 잃은 슬픔이 이루 말할 수 없었고 외롭기 그지 없었지만 다행히도 그에게 숙향이라는 딸이 있어 조금이나마 그 외로움을 달랠 수 있었다.

숙향이는 어려서부터 남달리 총명하고 예뻤는데 자라면서 더욱 그 총명함과 미모가 두드러지게 나타났다. 그리하여 그녀의 소문이 다른 마을에까지 널리 퍼졌다. 숙향이가 혼기가 되어 이웃에 사는 농부의 아들과 약혼을 했다. 숙향이는 비록 가난한 집에 살았지만 시집갈 준비를 하느라 틈틈이 바느질을 익히고 몸매를 가꾸었다. 그런 숙향이가 어쩌다 마을에 나오기라도 하는 날이면 마을 사람들은 탄복을 하며 숙향이의 아름다움을 칭찬했다. "숙향이 같이 예쁜 여자가 세상에 또 있을까?" 어떤 사람은 이렇게 말하기도 했고 또 어떤 사람은 "양귀비도 저렇게 예쁘지는 못했을 거야" 라고 말하기도 하였다. 이런 소리를 듣는 숙향이는 더러는 부끄럽기도 했지만 더러는 가슴이 뿌듯하기도 했다. 숙향이에게 장가가는 이웃집 청년도 그렇게 예쁜 숙향이와 결혼하게 된 것을 행복하게 여겼다.

어느 겨울날 늦은 오후 아버지는 밭에 나가고 돌아오지 않으셨고 숙향이는 마루 끝에 앉아서 옷감을 매만지며 이웃집 청년을 그리고 있었다. 이때 문득 낯선 관리가 숙향이의 집 대문 앞으로 오더니 아가씨가 숙향이냐고 물었다. 숙향이가 그렇다고 하자 그 낯선 관리는 숙향이에게 대궐로 함께 가자고 말했다. 그것은 숙향이에 대한 소문이 마침내는 임금님의 귀에게까지 들어가 숙향이를 임금님의 후궁으로 결정하였다는 것이었다. 숙향이는 난처했다. "이 일을 어찌해야 한단 말인가?" 숙향이는 이웃집 청년을 저버릴 수 없었다. 그렇다고 임금님의 명령을 거역할 수도 없었다. 숙향이는 할 수 없이 낯선 관리를 따라 길을 나설 수 밖에 없었다. 저녁 어둠이 깔려오기 시작할 때 숙향은 관리와 함께 길을 나섰다. 그러나 그녀는 말없이 관리의 뒤를 따르고 있다가 기회가 왔을 때 달아나기 시작했다. 그녀는 달리다가 가시에 옷이 찢기고 넘어져 무릎이 깨져 피가 흐르기도 했지만 있는 힘을 다해 밤새 도망을 쳤다. 그녀는 일정한 방향도 정하지 않은 채 숲을 헤치고 물을 건너 지금의 은진면 관촉리에까지 이르렀다. 그녀가 숨이 차 이곳에 이르렀을 때쯤에 동쪽 하늘이 훤하게 밝아오고 있었다. 이제 몸이 지칠 대로 지친 숙향이는 더 갈래야 갈 수도 없어 발을 멈추고 사방을 둘러보다가 근처에 있는 굴을 하나 발견하였다.

"옳지, 저기 있는 저 굴에 가서 숨어 있자." 숙향이는 이렇게 중얼거리며 급히 굴속으로 들어갔다.

굴은 숙향이가 숨기에는 더없이 좋았다. 그녀는 잠시 이 굴속에 숨어 있기로 했다. 지금 밖으로 나갔다간 대궐에서 보낸 군사들에게 들켜 다시 잡혀갈 것 같았다. 아니나 다를까 굴속에서 아랫마을을 내려다보니까 군사들이 말을 타고 산과 들을 여기저기 누비고 있는 것이 보였다. 숙향은 군사들이 자기를 찾지 않을 때까지 이 굴에서 시간이 보내기로 마음먹었다. 그러나 며칠이 지나자 숙향은 굴속에 혼자 있는 것이 답답하고 괴로웠다. 집으로 돌아가자니 여전히 관리가 자기를 기다리고 있을 것만 같았고 이 동굴에 혼자 숨어 지내자니 외롭고 비참했다. 게다가 정혼한 이웃집 청년이 그리워 더욱 미칠 것만 같았다. 이렇게 할 수도 없고 저렇게 할 수도 없는 숙향은 날마다 굴속에서 괴로워하다가 마침내는 근처의 표진강에 몸을 던져 빠져 죽고 말았다. 이런 일이 있은 뒤부터 이 굴은 숙향이 굴이라고 부르다가 차츰 수쾡이 굴로 바뀌어 부르게 되었다고 한다.

43 옥녀봉

강경읍 북옥리에 옥녀봉이라는 작은 산이 있다. 이 산은 그 봉우리가 수려하고 꼭대기에는 용영대라는 큰 바위가 있는데 이 옥녀봉에는 다음과 같은 전설이 전하여 오고 있다.

옛날 아주 오랜 옛날 이 곳 옥녀봉 아래에 있는 강경포는 더없이 맑고 깨끗한 강물이 흐르고 있었다. 그 물속을 들여다보면 조약돌이 환하게 들여다보이고 많은 물고기들이 노는 모습도 잘 보였다. 거기다가 강물 옆에 서 있는 옥녀봉은 숲이 우거져서 그 경치가 이루 말할 수 없었다. 그래서 때때로 하늘나라에서 선녀들이 이곳으로 내려와 놀았는데 그 선녀들은 옥황상제가 그녀들에게 이곳에서 놀다오라고 명을 내리면 그것을 더 없는 영광으로 여겼다. 이처럼 아름다운 곳이기에 하늘나라에서는 강경포의 아름다운 경치를 모르는 선녀는 없었다. 그런데 옥황상제의 딸만 이곳을 와보지 못했다. 그녀도 어서 여기를 와보고 싶어 했지만 옥황상제의 허락이 없어서 아직 한 번도 이곳에 내려와 보지를 못한 것이다.

그러던 어느 해 팔월 보름날 밤에 옥황상제의 딸도 옥황상제의 허락을 받아 많은 선녀들과 함께 이곳을 찾아오게 되었다. 선녀들로부터 이야기를 듣던 바와 같이 강경포는 너무나 아름다웠다. 옥황상제의 딸은 물속에 들어가 수영도 하고 선녀들과 함께 물장난을 치며 시간가는 줄도 모르고 놀았다.

한편 하늘나라 옥황상제는 딸이 사람들이 사는 세상으로 내려가서 시간이 지나도 올라오지 않자 크게 노하여 그녀를 빨리 올라오도록 나팔을 불게 했다. 나팔소리에 정신이 든 그녀는 선녀들과 함께 부랴부랴 옷을 갈아 입고 서둘러서 하늘로 올라가기 시작했다. 그러나 그녀는 너무 급하게 올라가느라고 옷도 제대로 입지 못하여 한 쪽 가슴이 나와 보인 채 하늘나라로 올라가고 있었다. 하늘나라에서 그들을 내려다보던 옥황상제는 그녀가 한 쪽 가슴을 내놓은 채 오는 것을 보게 되자 더욱 진노하여 그녀를 하늘나라에서 살지 못하도록 벌을 내렸다. 그리하여 그녀는 하늘나라에 오르지를 못하고 이 세상에서 살게 되었고 이름도 옥녀라 불리게 되었다.

이 세상에서 살게 된 옥녀는 하늘나라에서 쫓겨난 것이 한없이 후회스러웠다. 하늘나라에서 평안하게 살다가 이 세상에 내려와 온갖 괴로움을 겪게 되니 옥녀는 하늘나라가 너무 그리웠다. 그리하여 그녀는 옥녀봉 꼭대기에 올라 옥황상제에게 간절히 기도를 하기 시작했다. 그녀는 꼬박 백일 간 그곳에 꿇어앉아서 다시 하늘나라로 돌아갈 수 있게 해 달라고 빌었다. 그러나 옥황상제는 여전히 노여움을 풀지 않았다. 그는 다만 옥녀에게 하늘나라를 들여다 볼 수 있는 커다란 거울을 하나 내려 주었다.

"네가 하늘나라가 그리우면 이것을 보면서 그리움을 달래도록 하여라."

옥녀는 할 수 없이 그 거울을 옥녀봉 꼭대기에 세워놓고 그것을 들여다보면서 쓸쓸한 마음을 달랠 수밖에 없었다. 옥녀는 이따금 달 밝은 보름날 밤이면 강경포의 강가로 나가 보았지만 그녀가 이 세상으로 쫓겨난 뒤부터는 그 어떤 선녀 하나도 그곳으로 놀러 내려오지 않았다. 옥녀는 맑은 물속을 들여다보며 하염없이 서 있다가 옥녀봉에 올라와 옥황상제가 내려준 거울을 들여다 볼 뿐이었다. 그 거울 속에는 하늘나라의 궁궐이 보였고 옥좌에 앉아 계신 아버지이신 옥황상제의 모습도 보였다. 자기를 따르던 선녀들이 가끔 사람 사는 세상을 내려다보며 슬픈 표정을 짓고 있는 모습도 보였다. 거기다가 아버지의 측근이 자기를 구해 주는 것이 어떠냐고 간언을 드리는 모습도 보였다. 옥녀는 다시 매일 아침이면 일찍 일어나 거울을 보면서 기도를 드리기 시작했다. 하지만 끝내는 거울을 들여 보다가 하늘나라에 오르지 못하고 그곳에서 숨을 거두었다.

옥녀가 숨진 그 자리가 둥그런 묘처럼 봉우리져 있는데 여기를 후세 사람들은 옥녀가 죽은 자리라 하여 옥녀봉이라 부르고 그녀가 들여다보던 거울은 바위로 변하여 오늘날 용영대라 불린다.

44 채운산

강경읍 채산리에는 채운산이라는 산이 있다. 이 산은 높이가 234m 밖에 되지 않는 조그마한 산이지만 갖가지 전설을 지니고 있는데 그 중 하나가 다음과 같다.

조선 세조때 청양 정산고을에 황진사라고 하는 사람이 살고 있었다. 황진사네는 조상 때부터 오랫동안 정산고을에서 벼슬을 하며 살았고 재산도 많아 남부럽지 않게 살아왔다. 그런데 어찌된 일인지 황진사대에 이르러 자손이 끊기어서 그는 날마다 고민하던 중이었다. 그럴 즈음 채운산 북쪽기슭에 있는 용암사에서 백일동안 기도를 하면 자식을 얻을 수 있다는 소문이 들렸다. 그러자 황진사의 부인은 얼른 용암사로 찾아가서 백일동안 정성껏 자식을 하나 얻게 해달라고 기도를 드렸다. 그랬더니 정말 백일 만에 태기가 있게 되었고 열 달 뒤에는 해산을 하게 되었는데 태어난 아이는 딸이었다. 황진사와 그의 부인은 아들을 바라긴 했지만 딸이라도 하나 얻어서 신령님의 은덕이라 생각하고 딸 이름을 채운산에서 불공 끝에 얻었다고 해서 채운이라 이름 지었다.

채운이는 그 이름처럼 무척 예쁘고 귀여워 황진사 내외가 정성을 다해 키웠고 그들은 채운이의 재롱을 보면서 행복한 나날을 보냈다. 그러나 이런 행복이 오래가지 못했다. 채운이가 열 살이 채 되지 않았을 때 어머니가 갑자기 병에 걸려 시름시름 앓더니 그만 세상을 뜨고 말았다. 아내를 잃은 황진사의 고통은 컸다. 황진사는 슬픔에 잠겨 집안일에 신경을 쓰지 않은 채 하루하루를 보냈고 그 대신에 채운이가 직접 살림을 해 나갔다. 그렇게 세월이 흘러 삼년이 지나자 황진사도 어느덧 부인을 잃은 슬픔에서 벗어나 다시 새 아내를 맞아들였다. 새로 들어온 아내는 잔꾀가 많은 여자였다. 그녀는 남편에게도 잘했지만 채운에게도 잘해주는 척 했다.

어느덧 시간이 흘러 채운에게 혼기가 닥쳐왔다. 황진사는 채운을 빨리 출가시키라는 아내의 재촉도 있고 해서 전라도에 사는 이진사댁 도령과 약혼을 시켰고 채운은 시집갈 준비를 서두르기 시작했다. 그녀는 한 번도 보지 못한 이진사댁 도령이지만 기왕이면 빨리 시집을 가서 그와 단란하게 살고 싶었다. 그러던 어느 날 채운이에게 큰 사건이 벌어졌다. 채운이가 아침에 일찍 잠을 깨보니 집안이 술렁거렸다. 알고 보니 새어머니가 채운의 방에서 헝겊에 싸인 시뻘건 핏덩어리를 들고 나와 그것을 황진사에게 보이면서 채운이가 임신을 해서 어제밤 낙태를 한 것 같다고 아버지께 일러바친 것이다. 채운이는 울면서 그런 일은 절대 없다고 아버지께 하소연했지만 아버지는 화가 머리꼭대기까지 치밀어 올라 채운이의 말을 듣지 않았다. 그 사건은 사실 새 어머니가 거짓으로 꾸민 흉계였지만 황진사는 그런 사실을 모른 채 새 아내가 하자는 대로 딸을 가죽 주머니 속에 넣어 금강물에 띄워 버렸다. 채운이가 들어있는 가죽부대는 강물에 떠내려가다 마침 황산나루에서 한가롭게 고기를 낚고 있던 김승지에게 발견되어 구제되었다. 채운이를 자기 집으로 데리고 간 김승지는 채운이가 평범한 집 아이처럼 보이지 않아 이것저것 물어보기 시작했다. 채운이는 한참 동안 망설이며 이야기를 하지 않다가 마침내 자신의 슬픈 사연을 모두 이야기 하였다.

채운이의 이야기를 다 듣고 난 김승지는 채운이를 불쌍하게 여겨 그녀를 도와주기로 마음먹고 그녀가 약혼한 전라도 이진사댁으로 배를 띄워 보내주었다. 그리하여 다행히도 채운이는 전라도에 도착하여 이진사 아들과 결혼을 하게 되었는데 그 뒤 얼마 되지 않아 이진사의 아들은 과거에 급제하여 벼슬길에 오르게 되어 양주목사가 되어 양주로 부임하러 가게 되었다. 채운이도 남편을 따라 양주로 가게 되었는데 가는 길에 그들은 채운의 친정집이 있는 정산에 들리기로 했다. 채운부부가 정산 땅에 들어서서 황진사댁 대문 앞에서 멈추자 황진사와 그의 후처가 허겁지겁 뛰어나오더니 머리를 숙이고 땅바닥에 엎드렸다. 이에 채운 부부가 각각 얼른 타고 온 말과 가마에서 내려 황진사 내외를 부축하여 일으켜 집안으로 들어갔다. 황진사 내외는 채운이에게 지은 죄가 있기에 얼굴도 들지 못하고 좌불안석으로 방바닥만 내려다보고 있는데 채운의 남편이 나서서 말하기를 "지난 일은 더 이상 말하지 않겠습니다. 앞으로 저희들과 왕래하며 화목하게 지내시면 더 바랄 것이 없겠습니다" 하였다. 그리고는 채운 부부는 며칠 동안 황진사댁에 머무르며 황진사 내외를 잘 섬겼다. 그러자 이에 감동한 채운의 계모도 마침내는 마음이 돌아서 그 후로 어진 부인이 되었다. 정산에서 황진사 내외를 만나 지난 일의 슬픔을 모두 털어낸 채운은 남편과 함께 이번에는 강경을 들르게 되었다. 강경에서 채운 부부는 김승지의 집에 들려 그의 은혜에 보답하고 김승지의 아들과 의남매를 맺었다고 하는데 이런 일로 채운산의 이름이 널리 알려지기 시작하였다고 한다.

45 미내다리

강경읍에서 약 1.5km 떨어진 미내천 강가에 미내다리라고 하는 긴 돌다리가 있었는데 이 돌다리에는 다음과 같은 이야기가 얽혀 있다.

이 미내다리가 놓이기 전에는 강을 건너다니려면 여간 불편하지 않았다. 여기다 다리를 놓으면 얼마나 좋을까 하고 생각하는 사람들은 많았지만 실제 다리를 놓는 사람은 아무도 없었다. 그런데 어느 해 근처마을에 사는 두 청년이 다리를 놓기로 작정하고 집집마다 찾아다니며 돈을 거두었다. 모두들 다리가 없어서 불편을 느꼈기 때문에 성심껏 돈을 내어서 두 사람은 훌륭한 다리를 놓게 되었고 다리 이름은 미내천 이름을 따서 미내다리라고 지었다. 그런데 다리를 다 놓고 보니 돈이 조금 남았는데 그 돈을 마을 사람들에게 도로 나누어 주자니 돌아가는 돈이 얼마 되지 않아 돌려주기도 뭣 하고 그렇다고 두 사람이 나누어 가질 수는 없었다. 그래서 두 사람은 뒷날 다리가 무너지면 고치는 비용으로 쓰기로 하고 두 사람만이 아는 장소에 돈을 묻어 두었다. 그 후 몇 해가 흘렀다. 다리를 놓기 위해 돈을 거뒀던 두 사람 중 한 명이 병에 걸려 자리에 눕게 되었다. 그 집에서는 세상에서 좋다는 약은 다 써 보았지만 아무런 효험이 없었다. 그의 병은 날이 갈수록 더해만 갔다.

이런 소문을 듣고 돈을 같이 거뒀던 사람이 문병을 갔다. 그는 말도 못할 정도로 심하게 앓고 있었다. 얼굴에는 벌겋게 열꽃이 피어났는가 하면 팔뚝이나 다리의 색깔은 시체처럼 푸르스름했다. 앞으로 두 이레를 넘길 것 같지 않았다.

"약은 좀 썼는가?"

"좋다는 약은 다 썼는데 아무 소용이 없네."

"그래도 꾸준히 약을 써야지."

"이젠 돈이 없어서 약을 더 쓸 수도 없네."

이렇게 이야기를 주고받다가 방문 온 친구는 얼른 머릿속에 떠오르는 생각이 있었다. 둘만이 알고 묻어두기로 한 돈이라도 써서 친구를 병에서 구하고 싶었다. 그는 친구 집에서 돌아오는 길에 돈을 묻어두었던 곳으로 가서 그 곳을 파보았다. 그러나 돈은 한 푼도 없었다.

"이 돈을 꺼내다 썼구나."

그는 이렇게 생각하며 오죽했으면 이 돈을 꺼내 갔을까 하고 측은한 생각까지 들었다.

그런데 병이 든 친구는 병지 낫지 않고 자꾸 더해 가더니 마침내는 큰 구렁이로 변하였다. 집안 식구들이 놀라서 울고불고 야단이었지만 구렁이가 된 그는 스스로 집을 나가더니 미내다리 밑으로 기어 들어갔다. 그리고는 이따금 나와서 지나가는 사람을 보고 눈물을 흘리며 혀를 날름거리기도 하였다. 이것을 본 마을 사람들은 모두 한 마디씩 하였다.

"이 사람이 욕심을 내어 다리를 놓고 남은 돈을 친구 몰래 꺼내 써서 구렁이가 된 거야."

"천벌을 받았지. 마을 사람들을 배반하고 친구를 배신했으니."

"그런데 저 구렁이 보기 징그러워 어떻게 다니지?"

"할 수 있나!"

"강을 메우면 되는데."

그 후 미내다리가 놓였던 천은 점점 메워지고 다리도 반쯤 묻히게 되었다. 그리고 이곳을 지날 일이 있어도 사람들은 가급적 다니지 않게 되어 이 다리는 사람이 거의 다니지 않는 다리가 되고 말았다.

그 후 어떤 사람이 돌이 필요하여 이 다리의 돌을 빼내려고 하였다. 그랬더니 갑자기 바람이 불고 하늘이 흐려지기 시작했다. 그래도 이 사람은 기어이 돌을 빼내어 자기 집으로 가지고 갔다. 그러자 천둥이 치고 번갯불이 번쩍번쩍했다. 이에 겁이 난 그 사람은 도로 돌을 제자리에 갖다 놓았다. 그랬더니 날씨는 언제 그랬냐는 듯이 개이고 천둥도 멈추었다. 그제서야 그는 안도의 한숨을 들이쉬고 만나는 사람마다 미내다리의 돌에 손을 대지 말라고 일렀다. 이런 일이 있은 뒤부터 아무도 이 다리에 손을 대는 사람이 없었다고 한다.

46 닭다리 들

연무읍 금곡동에 닭다리 들이라고 불리는 들이 있었다. 이곳은 지금은 육군훈련소가 있는 곳으로 예전에 이곳에서 옛날의 말방울과 말굽쇠 같은 것이 많이 나왔을 뿐 아니라 가까이에 후백제 견훤왕의 묘가 있어서 이곳과 관련하여 다음과 같은 전설이 전해오고 있다.

서기 935년에 신라의 항복을 받은 고려 태조 왕건은 기세가 등등한 군사들을 거느리고 후백제를 치러 갔다. 그리하여 이듬해에 경기도 이천에서 후백제를 크게 무찌르고 그 여세를 몰아 후백제군을 지금의 황산까지 추격하여 왔다. 견훤은 이 곳 닭다리 들에서 최후의 결전을 벌이려고 고려군을 기다리고 있었다. 들판은 추수를 끝낸 뒤라 황량하기 짝이 없었다. 해가 지자 마을에서는 타작마당에 불을 폈는지 짚 타는 냄새가 병영에까지 풍겨왔다. 하루 종일 긴장했던 견훤은 그제서야 저녁을 먹고 쉬게 되었다. 어디선가 가느다랗게 퉁소 부는 소리가 처량하게 들리고 멀리 앞산에서는 하현달이 솟아오르고 있었다. 피곤했다. 어쩌면 이게 마지막 싸움이 될지도 모르는 왕건과의 대결을 앞두고 그는 점점 자신감을 잃어가고 있었다. 그는 막 앞산에 올라온 하현달을 바라보며 44년간 지켜온 나라를 내주고 말지도 모른다는 생각을 하며 한숨을 크게 내쉬었다. 그러는 사이 처량하게 들려오는 퉁소 소리도 그쳤다. 밤이 깊었는가 보다. 견훤은 잠자리에 들면서 다시 달을 바라보았다. 이날따라 하현달이 더 쓸쓸하게 보였다. 후백제의 운명이 마치 하현달과 같이 지고 있는 것 같았다.

견훤은 잠이 오지 않자 문밖에 보초를 서고 있는 병사를 불렀다. 이왕 잠을 자지 못할 바에야 병사와 이야기나 하자는 심사였다. 견훤은 먼저 병사의 이름을 묻고 고향을 물었다. 그러다가 그는 문득 이곳 야영을 하는 곳의 지명을 물어보았다. 병사는 지명을 알지 못하였고 그래서 밖에 나가 알아가지고 오겠다고 대답하였다. 견훤은 그만두라고 하려다가 그냥 놔두었다. 병사는 잠시 뒤에 돌아와서 보고하였다.

"이곳은 닭이 버티고 있는 형국인데 바로 여기는 닭다리 들이라고 한답니다."

"뭐라고? 닭다리 들이라고?" 견훤은 놀라서 이렇게 반문하였다.

"왜 그러십니까, 폐하?"

"이제 죽었구나. 나는 지렁이의 정기를 타고 태어났는데 이곳이 닭다리 들이라면 닭다리에 밟히는 꼴이 되었으니 내 어찌 살아날 수 있겠느냐? 이제 후백제는 끝이로구나!"

견훤은 아까보다 더 크게 한숨을 내쉬었다. 그는 이미 패전할 것을 예견하고 부하장수들을 불렀다.

"내가 이번 싸움에서 필연 죽게 될 것이니 그대들은 상심하지 말고 잘 싸워주기 바란다." 견훤은 비장하게 이렇게 말하였다. 부하장수들은 이런 견훤을 의아하게 여기며 돌아갔다.

새벽이 되자 고려군이 쳐들어오고 있다는 전갈이 왔다. 견훤은 벌떡 일어나 말을 타고 선두에 나가 고려군과 맞섰으나 어쩐 일인지 싸움답게 싸워보지도 못하고 그만 전사하고 말았다. 이를 본 견훤의 부하 장졸들은 그만 사기가 꺾여 달아나거나 항복하고 말았다. 이리하여 후백제는 하루아침에 멸망하고 말았다. 견훤의 예언이 들어맞은 것이다.

그러나 실제는 이 같은 전설과는 크게 다르다. 견훤은 아들과의 불화로 인하여 왕위를 아들인 신검에게 빼앗기고 김제에 있는 금산사에 갇혀 살다가 935년 6월에 고려 태조 왕건에게 투항하였다. 그 뒤 고려군과 합세하여 신검군을 황산에서 치고 후백제를 멸하는데 일조하였다. 그 뒤 등창이 나서 황산의 한 절에서 최후를 마쳐 지금의 연무읍 금곡동 근처에 묻히게 되었다고 한다. 견훤왕의 묘는 그 규모가 굉장하여 마치 구릉같이 보이는데 그것은 왕건이 견훤에게 상당한 예우를 했던 것 같다.

47 거북산

노성면 호암리에 거북산이라는 산이 있다. 이 산에는 고령 김씨네 산소가 있었는데 이 산소는 천하에 둘도 없는 명당자리였다. 그러나 그 명당자리는 욕심 많은 김씨의 잘못으로 그만 명당자리로서의 가치를 잃고 말았다고 한다.

옛날 이 거북산에는 큰절이 있었다고 한다. 지금은 절터만 남아서 절골이라는 지명만 전해지고 있지만 옛날에는 제법 규모가 큰 절이었던 것 같다. 이 절은 거북산 아래에 살고 있던 김씨네가 자기네의 복을 빌기 위해 지었다고 하는데 김씨는 이절에서 부처님을 잘 섬겼다고 한다. 그 덕분에 김씨는 주지스님으로부터 명당자리를 하나 얻게 되었고 그 곳에 조상의 묘를 썼던 것이다. 그랬더니 김씨네는 그날부터 살림이 피기 시작하여 큰 부자가 되었다. 농사를 지으면 언제나 풍년이 들고 가축을 기르면 역시 언제나 잘 되었다. 그 뿐만이 아니라 김씨가 무슨 일을 하든 마음만 먹으면 다 잘 되는 것이었다. 그리하여 김씨는 얼마가지 않아 고래등 같은 기와집을 짓고 수십 명씩 하인을 거느리고 온갖 영화를 다 누리면서 살아가게 되었다. 그런데 한 가지 그에게 좋지 않은 점이 있었는데 그것은 그가 돈을 벌면 벌수록 점점 더 남들을 업신여긴다는 것이었다.

하루는 지나가던 어느 나이든 스님이 그 집 앞에서 목탁을 두들기며 하룻밤 머물러가게 해 달라고 청하였다. 마침 마루에 앉아 있던 김씨는 대문간으로 가서 스님의 목탁과 바랑을 빼앗아 놓고는 그 스님에게 면박을 주기 시작했다. 그것은 그 노스님에게는 더 할 수 없는 모욕이었다. 스님은 어떻게 해서든 그 자리를 떠나고 싶었지만 김씨는 놓아주지 않고 더 심한 모욕을 주는 것이었다. 스님은 얼굴이 화끈거려 견딜 수가 없었다. 날이 어두컴컴해질 무렵에 간신히 김씨에게서 빠져나온 노스님은 한숨을 몰아쉬며 발걸음을 재촉하여 마을을 빠져 나갔다.

이런 일이 있은 뒤로 몇 해가 지난 뒤 이 마을에 풍수지리에 밝은 스님이 한 분 찾아왔다는 소문이 돌았다. 김씨는 그 소문을 듣고 그 스님이 몇 해 전 자신이 괴롭힌 그 스님이라는 사실을 모른 채 자기 집으로 청하였다. 스님이 김씨의 사랑채로 들어와 좌정했을 때도 김씨는 여전히 그 스님의 정체를 알아차리지 못했다. 더 부자가 되고 싶은 김씨는 스님에게 절골에 있는 산소에 대하여 말하기 시작했다. 김씨는 이야기를 하면서 스님의 얼굴색을 살펴보다가 스님이 얼굴을 찡그리며 안색이 안 좋게 바뀌는 것을 보고 물었다.

"무슨 잘못된 일이 있습니까?"

"어허, 참 큰일 났군요. 절골에 있는 묘가 잘못 들어섰으니 빨리 옮기지 않으면 집안이 모두 망하는 것은 물론이고 주인장도 얼마가지 않아 목숨을 잃고 말 것입니다."

스님은 김씨를 바라보며 이렇게 말하였다. 스님의 말에 김씨는 아연실색하여 당장 절골에 있는 산소를 이장하기로 하였다. 그는 곧 일꾼들을 시켜 절골에 있는 묘를 파게 하였다. 일꾼들은 김씨가 시킨 대로 부지런히 묘를 파기 시작했는데 묘를 한창 파는 중에 묘 속에서 이상한 소리가 났다. 일꾼들이 이상하게 여기며 삽으로 흙을 떠내자 그 곳에서 학 두 마리가 반짝반짝 빛나는 구슬을 감아 안고 몸을 일으켰다. 일꾼들이 이것을 보고 모두들 보통 일이 아니라고 하면 뒤로 물러서자 두 마리 학은 하늘 높이 솟아오르더니 울음소리를 남기며 남쪽으로 날아가 병사리 뒷산에 앉는 것이었다. 이 광경을 본 모든 사람들은 직감적으로 흉조를 예감하지 않을 수 없었다.

이런 일이 있은 뒤 얼마가지 않아 김씨네는 점점 살림이 줄어들기 시작했다. 농사를 지어도 김씨네만 흉년이었고 집안에 우환만 자꾸 생기더니 마침내는 김씨네는 망하고 말았다. 그 뿐만 아니라 김씨네가 복을 빌기 위해 지었던 절도 빈대가 우글거려 스님들이 질을 헐고 다른 곳으로 가버리고 말았다. 또한 절골의 산소 앞에 있던 두 마리의 돌거북은 김씨 집안이 기울어지면서 다른 곳으로 팔려가게 되었다. 그러자 그 두 마리 돌거북은 팔려가지 않으려고 발버둥을 치다가 수놈은 등에 세웠던 비석을 떨어뜨리고 말았다고 한다. 이리하여 작업은 중단되었지만 돌거북은 산소에서 멀리 떨어져 있게 되었다. 이런 일이 있은 뒤로 이 산을 거북산이라 부르게 되었는데 한 가지 흥미로운 것은 병사리 뒷산으로 학 두 마리가 날아가 앉았던 자리에는 노성 윤씨의 사람이 나중에 묘를 썼는데 그 집안은 그 후 크게 잘 살게 되었다고 한다.

48 송죽골

노성면 호암리에 가면 송죽골이라는 작은 골짜기가 있는데 이 골짜기에는 어머니가 목숨을 바쳐 딸을 오래 살게 하였다는 전설이 전해오고 있다.

옛날 고려 중엽에 호암산 아래에 허대감이라는 사람이 벼슬을 버리고 낙향하여 살고 있었다. 허대감은 늦게까지 자식을 얻지 못하고 살다가 이곳에서 딸 하나를 얻게 되었다. 비록 아들은 아니지만 허대감 부부는 딸이라고 얻은 것을 천만다행으로 알고 그 딸을 몹시 귀여워하였다. 그 외동딸은 어려서부터 총명하여 사람들이 칭찬해마지 않았고 총명하다보니 아버지에게 대답하기 어려운 질문도 종종 하는 것이었다. 그 딸이 열네 살이 된 어느 날 아버지 곁에 와서 말하기를 여자는 어째서 과거도 보지 못하고 벼슬살이를 할 수 없느냐고 묻는 것이었다. 허대감은 대답하기를 여자들은 원칙적으로 국사에 관여할 수 없게 되어 있다고 하자 딸이 반박하여 어째서 여자는 국사에 관여할 수 없는지를 따져 묻는 것이었다. 이처럼 총명한 딸이 열다섯 살이 되면서 여기저기에서 많은 혼담이 들어왔다. 그 혼담 가운데는 한양에서 이름난 집안도 있었고 뛰어난 도령들도 많았지만 딸은 그런 혼담에 신경도 쓰지 않고 글공부만 열심히 하였다.

어느 날 해질 무렵 딸이 마루에서 글을 읽고 있는데 스님 한 분이 대문 가까이 와서 염불을 하기 시작했다. 그녀는 글을 읽다가 문득 책을 덮으며 불경소리를 한참 듣더니 하인에게 시주를 많이 하라고 말하였다. 그래서 하인이 쌀을 큰 바가지에 가득 채워가지고 대문간으로 나갔다. 그 쌀을 받은 스님은 이렇게 많은 시주를 하시는 분 얼굴이나 한 번 보아야겠다고 안으로 들어오더니 딸의 얼굴을 쳐다보고는 깜짝 놀라며 돌아서서 "아까운 사람이군."하고는 떠나는 것이었다. 그 스님이 말하는 소리를 하인도 들었고 딸도 들었다. 딸은 그 말을 아무렇지도 않게 생각하였으나 하인은 그 말이 마음에 걸리었던지 안으로 들어가서 마님에게 알렸다. 누구보다 딸을 아끼던 마님은 그 말을 듣고는 펄쩍 뛰더니 어서 가서 스님을 모셔오라고 급히 하인을 내보냈다. 그러나 하인이 뛰어 나가 스님을 찾아보았으나 찾을 수 없어 그냥 돌아왔다. 그 다음 날 아침 하인이 장터로 가는 중에 아랫마을에서 어제 주인댁을 찾아왔던 스님을 발견하고는 그 길로 뛰어와서 마님에게 알렸다. 마님이 그 말을 듣고 손수 찾아가서 스님을 집안으로 안내해 모신 다음 우리 딸을 보고 아까운 사람이라고 말을 하였다는데 무슨 액운이라도 끼었느냐고 차근하게 물었다. 스님은 한참동안 눈을 감고 아무런 말이 없더니 이윽고 이렇게 말하는 것이었다.

"따님이 출가를 하면 사흘 안에 따님이 죽든가 아니면 남편과 사별하는 액운이 있습니다."

이 말을 들은 마님은 깜짝 놀라며 그렇다면 어떻게 이 액운을 방지할 수 있는 방책은 없느냐고 물었다. 처음에는 머리를 설레설

례 흔들던 스님은 마님의 끊임없는 부탁에 동정이 갔는지, “방법이 딱 한 가지 있긴 하오만”하더니 “따님을 오래 살리려면 송죽골에 가서서 일 년에 한 번 피는 대나무 꽃을 보셔야 하는데 다른 사람보다 먼저 보고 그 꽃을 따서 품안에 안아야 합니다.”하는 것이었다. 딸을 아끼는 마님은 딸을 위해 무엇을 못하겠느냐고 말을 하고 그 날로 집을 나와 송죽골 대밭으로 들어갔다. 처음 대밭을 들어올 때는 쉽게 들어왔지만 대나무꽃을 찾기는 힘들었다. 대나무꽃은 해가 지는 저녁때나 이슬이 내려앉은 새벽에 많이 핀다고 했다. 그래서 마님은 해가 서산에 기울 때 대밭에 들어와서 대나무 꽃이 피는 지를 살피다가 그 자리에서 잠을 잤고 새벽에도 자리에서 일어나 대나무밭을 헤매었다. 마님이 대나무밭에서 이렇게 하기를 근 일 년이 지나자 허대감은 걱정 끝에 자리에 눕게 되었고 집안일도 엉망이 되었다.

하루는 비가 몹시 내리던 밤에 딸이 꿈을 꾸는데 꿈속에서 산신령이 나타나서 말하기를

“너의 어머니가 내일 새벽에는 대나무꽃을 보게 되느니라. 그 때는 너도 곁에 있어야 하니 지금부터 대나무밭으로 가도록 하여라.”하는 것이었다. 딸은 꿈에서 깨어 바로 옷을 갈아입고 비속을 뚫고 대나무밭으로 향했다. 송죽골 대나무밭에는 어머니가 비속에서 호롱불을 켜고 밭 가운데 앉아 천신께 기도를 드리고 있었다. 딸이 어머니 곁에 가 앉았을 때는 어둠이 물러가고 날이 밝기 시작하였으며 비도 멈추었고 닭울음소리도 이미 그쳐 있었다. 그들이 앉아 있는 동안 어둠이 환하게 밝아지더니 그들 앞에 있는 굵

은 대나무들에서 하얀 꽃들이 소복하게 피기 시작했다. 마님은 대나무꽃을 보자 "꽃이다. 대나무 꽃이다."하고 환호성을 질렀다. 그때 어디선가 세찬 바람이 불기 시작하더니 호롱불이 꺼지고 대밭은 온통 혼란에 빠졌다. 사나운 바람 속에서 마님은 몇 번인가 얼굴을 찡그리며 하늘을 바라보더니 바람이 서서히 가라앉을 무렵 마님은 앉은 채 숨을 거두는 것이었다. 그 순간 바람 때문에 하늘로 솟구쳐 올랐던 대나무꽃들이 신기하게도 어머니의 품 안으로 천천히 날아와 안기는 것이 아닌가. 어머니의 숭고한 희생이 마침내 결실을 맺게 되는 순간이었다. 이리하여 짧은 수명을 타고난 딸은 어머니의 희생으로 긴 수명을 갖게 되었고 그 후 출가를 해서도 오랫동안 잘 살게 되었다고 한다.

49 가는 샘

고려왕조가 세워질 무렵에 광석면 왕밭이라는 마을에 깨끗한 물이 나오는 샘이 하나 있었다. 샘은 그리 깊지 않아서 바가지로 물을 퍼낼 수 있는 그런 샘이었지만 여름에는 물이 어름처럼 차갑고 겨울에는 물이 따뜻해서 얼지를 않았다. 마을 사람들은 이 샘을 귀중하게 여겨서 마을에서 무슨 재난이라도 생기면 이 샘터에 와서 하나님께 재난을 쫓아 달라고 비는 장소로도 이용하였다.

그런데 어느 날 한 노승이 이 샘에 와서 목탁을 두드리며 불경을 외우기 시작했다. 마을 아낙네들이 샘으로 와서 물을 길러가야 하는데 노승이 불경을 외우고 있는 바람에 샘에 가까이 갈 수가 없었다. 그래서 참다못해 마을의 한 노인이 우물 가까이 가서 “여보시오. 불경을 외우는 것도 좋지만 샘을 떠나주셔야 사람들이 물을 길어다 밥을 해먹을 것 아니오.”하고 꾸짖었다. 그러나 노승은 그 노인의 말에는 아랑곳없다는 듯 여전히 불경을 외우더니 한참이 지난 뒤 조용히 합장을 한 다음 이렇게 말하는 것이었다.

“소승이 여기서 불경을 외우고 있는 까닭은 금년에 흉년이 들고 내년에는 이 나라에 난리가 나서 여기까지 피해를 보게 될 것 같아 여기에서 잠시 지체하고 있었을 뿐이외다”

노승이 이렇게 말하자 흉년이 든다는데 놀란 노인이 겁을 먹고 “보시다시피 논에 모를 내서 들판이 푸릇푸릇하게 자라고 있는데 어째서 흉년이 든단 말인가요? 그 연유를 말씀해 보시지요.” 하고 말했다. 그러자 노승이 말하기를 “사람도 이 세상에 태어났다고 해서 모두 다 훌륭하게 되라는 법은 없습니다. 그와 마찬가지로 모를 심어 푸릇푸릇하게 자라고 있다고 가을에 풍년이 든다는 법은 없지요.”라고 하며 중은 천천히 샘에서 물러나기 시작했다. 마을 노인은 그 노승을 따라 가며 묻기를

“그럼 흉년을 막으려면 어찌해야 한단 말이요? 이왕에 말이 나왔으니 살 수 있는 방법을 가르쳐 주어야 할 것 아니요.” 했다.

노승은 이 노인의 말을 듣고 조용히 눈을 감고 있더니 한참 만에 “지금부터 이 샘물을 자꾸 퍼서 논에 물을 흘려보내야 합니다. 큰 가뭄이 생겨 백성들이 고생을 겪을 텐데 이 샘물은 아무리 가물어도 마르지는 않을 것이니 식수 걱정은 하지 말고 전답에 물을 대주어야 합니다.”하고 총총히 사라지는 것이었다. 노승이 떠나가자 그 노인은 마을 사람들을 동원하여 노승이 시킨 대로 샘에서 물을 자꾸 퍼서 논에 보냈다. 정말 그해에는 가뭄이 극심했다. 그러나 이 마을 사람들은 이 샘물 때문에 가뭄을 면하고 가을에 풍성한 곡식을 거두어들일 수 있었다. 그리고 나서 그 다음 해 그 노승의 말대로 후백제군과 고려군 사이에 큰 싸움이 벌어져서 이 근처는 전쟁터가 되고 말았다. 전쟁이 끝나 후백제군이 물러가고 고려의 군사들이 여기를 지나가게 되었다. 그 때 목이 마른 고

려의 장군이 샘가에서 처녀가 물동이에 물을 퍼담고 있는 것을 보고 서둘러 가까이 가서 물을 청하였다. 그러자 그 처녀는 바가지에 물을 가득 푸더니 버드나무 잎사귀를 몇 잎 따서 물에 띄워 내미는 것이었다. 장군이 물을 마시고 나서 어째서 바가지에 버드나무 잎을 띄웠느냐고 물으니 처녀는 "아무리 바빠도 사람에게는 여유가 있어야 하옵니다. 장군께서 물을 마시다 체하시면 어찌 하옵니까?"하고 말하는 것이었다. 그 말을 들은 장군은 기특해서 허허 웃으며 "잘 마셨오. 나는 가오."하는 말을 남기고 떠났다. 그 후 이 우물은 장군이 "나는 가오."라는 말을 남기고 떠나갔다 해서 "가는 샘"이라 부르게 되었다고 한다.

50 불암산 도승

성동면 개척리에 있는 불암산 중턱에 옛 절터가 있다. 여기에 있었던 절의 이름은 알려지지 않았지만 이절에 대한 전설이 다음과 같이 전해오고 있다.

옛날 여기에 있었던 작은 절에 학식과 덕망이 출중한 도승이 한 분 살고 있었다. 스님은 세상 사람들에게 널리 알려져서 그를 만나보고자 하는 사람들이 줄을 이었다고 한다. 그 스님은 늘 부지런하게 불도를 닦는 데에만 전념해서 나이가 일흔에 가까워졌지만 새벽에 일찍 일어나 목욕재계하고 독경과 예불로 마음을 닦으며 하루하루를 보내고 있었다. 이날도 아침 일찍 일어나 부처상 앞에서 예불을 드리고 있는데 어쩐지 부처님이 이날은 빛을 잃고 까맣게 보였다.

"이런, 이게 웬일이지?"

스님은 독경을 하다가 깜짝 놀라 부처님을 자세히 살펴보니 그것은 벼룩 떼가 잔뜩 부처상에 붙어 있는 것이었다. "아무래도 무슨 변이 일어날 징조로군," 스님은 이렇게 중얼거리며 벼룩을 없애기로 하였다. 그렇지 않으면 아무래도 불길한 일이 일어날 것만 같았다. 스님은 살생을 해서는 안 되는 일인 줄 뻔히 알면서도 어쩔 수 없이 불경을 외우며 벼룩을 한 마리 씩 잡아 죽이기 시작했다. 이렇게 하루 종일 벼룩을 잡다보니 스님의 손바닥과 손가락이 모두 벌겋게 피로 물들어 있었다. 스님이 벼룩을 죽이는 일을 한 달 가량 계속하자 벼룩은 이제 거의 없어졌지만 재빠른 벼룩들은 여전히 스님의 손에 잡히지 않았다. 스님은 그 벼룩들도 모두 남김없이 잡아 죽이려고 했다. 스님 생각에 벼룩이 한 마리라도 살아 있으면 꼭 무슨 변고가 일어날 것만 같았기 때문이다. 이날도 스님이 벼룩이 한 마리라도 살아서 도망 갈까봐 잠도 자지 않고 벼룩을 잡고 있었는데 벼룩들은 스님에게 잡히지 않으려고 이리저리 도망 다니다가 재빨리 문틈으로 달아나기 시작했다. 스님이 이를 보고 재빠르게 문을 열고 쫓아갔지만 벼룩들은 있는 힘을 다하여 도망쳐 스님은 끝내 벼룩들을 놓치게 되었다. 이때 벼룩들이 도망치면서 스님을 향해 "참으로 분하다. 다음에 두고 보자."하고 소리쳤다. 스님은 그 벼룩들의 외침이 무슨 뜻인지를 알았다. 스님은 벼룩들을 놓친 것이 너무 안타까워서 이날부터 고민에 잠겼다.

"큰일 났구나. 저것들이 달아났으니 앞으로 큰 화근이 되겠구나. 필경 저놈들이 일본으로 건너가서 번성한 다음 우리나라에 쳐들어 올 텐데 이를 어쩌면 좋단 말인가?"

스님은 이렇게 혼자서 걱정하다가 나라를 다스리는 벼슬아치를 만나면 일본이 쳐들어 올 것이라고 예고하였지만 누구하나 스님의 말씀을 믿으려고 하지 않았다. 스님이 안타까워 더욱 소리 높여 관리들에게 이야기를 하면 그들은 그게 무슨 잠꼬대 같은 소리냐면서 한 귀로 흘려 넘겼다.

그 뒤 일본은 스님의 예언대로 마치 벼룩 떼처럼 우리나라에 쳐들어왔다. 그때서야 우리나라 조정은 미리 방비하지 못한 것을 후회하였지만 이미 엎지른 물이라 전국토가 일본에 짓밟히고 말았는데 특히 왜적들은 이곳 불암산에 도착하자마자 먼저 이 절에 불을 질러 오늘날에는 절의 모습을 찾아 볼 수 없다고 한다.

51 성동의 은행나무

성동면 개척리 1구 도로변에 아주 오래된 은행나무 한 그루가 있는데 이 나무에는 다음과 같은 전설이 전해온다.

지금으로부터 500 여 년 전 전우치라는 사람이 있었다. 그는 도술을 익히는 책을 얻어 그 책으로 도술을 익혔는데 그의 도술은 매우 뛰어나 마음만 먹으면 무엇이든지 못할 일이 없었다.

그러던 어느 날 전우치는 호남지방으로 내려가고 있었는데 그는 은행나무 지팡이를 짚고 주위의 산수를 즐기면서 가다가 개척리 산기슭의 큰 길 가에 도착하였다. 그는 거기에서 잠시 쉬던 중 어떤 생각을 했는지 문득 지팡이를 땅에 꽂으며 "이 지팡이가 자라나면 전씨가 계속 번창할 것이며 만약 죽으면 전씨는 남의 그늘 속에서 살게 될 것이다."라고 말하면서 유유히 그곳을 떠나갔다고 한다. 그 후 이상하게도 전우치가 꽂아 놓았던 지팡이에서는 싹이 나고 뿌리가 나 잘 자라게 되었다. 사람들은 신기한 이 나무를 잘 가꾸었고 그 나무는 아주 무성한 나무가 되어 오늘에 이르게 되었다고 한다.

500년을 이어오면서 마을의 위안과 행복을 지켜온 이 은행나무는 긴긴 여름날에도 열심히 일하는 농부들의 구슬땀을 씻어 주었고 여행길에 지쳐 있는 나그네의 휴식처로 칭송을 받게 되었다.

또한 전해오는 이야기로는 당시 심었다고 하는 은행나무 지팡이는 너무나 오래되어 고목이 되어 부러져 없어졌고 그 옆에서 자라나온 가지가 자라서 지금에 이르러 옛날 전우치의 능통했던 신술을 느끼게 해준다고 한다. 이로 인해 사람들은 이 나무를 전우치 나무라고도 한다.

52 아기장군 묘

성동면 우곤리에 아기장군 묘라고 부르는 무덤이 있는데 더러는 장군 묘라고도 한다. 이 무덤에는 다음과 같은 이야기가 전해오고 있다.

백제 말엽에 우곤리에 마음씨 착한 농부가 일찍 결혼하여 산기슭에 집을 짓고 아내와 함께 부지런하게 일하며 살고 있었다. 그 농부는 아침이면 일찍 집을 나가 논을 만들고 그의 아내는 야산에 올라가 밭을 일구었다. 그들은 하루도 쉬지 않고 일을 하여 차츰 부자가 되어갔다. 겨울에도 그들은 놀지를 않았다. 그는 나무를 해서 읍내 장터에 내다 팔았고 아내는 집에서 짚신을 만들어 남편이 장터에 내다 팔게 하였다. 이렇게 하여 그들은 더욱 부자가 되어 갔다. 그러나 그들에게도 한 가지 아쉬운 것이 있었다. 그것은 결혼한 지 10년이 지났지만 슬하에 자식이 없는 것이었다. 자식을 아쉬워하는 것은 남편보다 아내가 더했다. 아내는 매일 찬물을 떠 놓고 신령님께 정성을 다해 빌기 시작했다.

"신령님께 비나이다, 신령님께 비나이다. 우리에게 아들 하나만 얻게 하여 주옵소서."

아내가 정성을 다해 빌자 그녀의 남편도 함께 신령님께 기도를 올렸다. 그들 내외가 신령님께 기도를 시작한지 일 년이 될 무렵 아내의 몸에 태기가 있었고 그 뒤 열달 후에는 귀여운 아들을 낳았다. 이들 부부의 기쁨은 이루 말할 수 없었다. 그런데 한 가지 이상한 것은 아기가 태어난 날부터 어찌나 울기만 하는지 달래기가 여간 힘들지 않았다. 한번 울기 시작하면 끝이 없었다. 백일이 지나도록 아기는 심하게 울어댔다. 그런데 하루는 이들 부부가 우는 아기를 방에 놔두고 밖으로 나오자 울음을 멈추는 것이었다. 그래서 다시 그들이 방안으로 들어가 보니 아기는 다시 울기 시작하는 것이었다. 부부는 시험 삼아 다시 방 밖으로 나오니 아기는 다시 울음을 그쳤다. 며칠간 이런 일을 되풀이하다가 그들 부부는 이상한 생각이 들기 시작했다.

"신령님이 내려주신 아이라 아기가 혼자 있을 때는 신령님이 나타나 돌봐주는 것이 아닐까?" 그들은 이런 생각도 하였다.

어느 날 그들이 점심을 먹고 있는데 아기가 몹시 심하게 울기에 밥상을 들고 부엌으로 나와서 식사를 하였다. 그랬더니 아니나 다를까 아기가 울음을 그치는 것이었다. 남편이 발소리를 죽이고 몰래 방 가까이 가서 문틈으로 방안을 살펴보았다.

"아니 이게 다 뭐야?"

남편은 하마터면 크게 소리칠 뻔 했다. 그는 아내에게 손짓을 해서 아내도 남편과 함께 방안을 들여다보고 크게 놀랐다. 방안에는 온통 군사들로 꽉 차 있었고 아들이 빨간 투구와 갑옷을 입고 군사들에게 호령을 하고 있었다. 남편이 다시 한 번 방안을 자세히 살펴보고 있자니 방 한 쪽 구석에 놓아두었던 팥과 콩 자루에서 콩과 팥이 굴러 나와 군사로 변신해서 대열을 짜는 것이었다. 부부는 그 광경을 한참 바라보다가 모르는 체하고 헛기침을 하면서 방문 문고리를 잡자 방안에서는 다시 아기가 울기 시작했다.

그들이 방문을 열자 아기만 엉엉 혼자 울고 있고 그렇게 많던 군사들은 하나도 온데 간데 없었다. 그 이튿날도 그들 내외는 밖에 일하러 가는 척하며 나갔다가 집으로 도로 돌아와서 문틈으로 방안을 살폈다. 역시 전날과 마찬가지로 군사들이 아들의 호령을 듣고 있었다. 며칠 동안 이런 일을 몰래 지켜보던 부부는 그 아들 때문에 집안에 화가 미칠 것이라고 생각하고 그 아들을 죽여 없애기로 작정했다. 그래서 어느 날 부부는 아들이 방안에서 군사들을 훈련시키고 있을 때 방문을 열고 들어가 아들을 붙잡았다. 그들은 엉엉 우는 아들의 배위에다 다음잇돌을 올려놓고 둘이 힘껏 눌렀다. 아기는 눈물을 흘리며 뭔가 하소연을 하는 듯했지만 그들 부부는 애써 그를 무시하고 더 힘을 가해 결국 아들을 죽이고 말았다.

그 날 저녁때 쯤 그들이 아기를 산에 묻고 돌아오는데 어디선가 백마 한 필이 나타나더니 그 무덤가를 빙빙 돌면서 울어대기 시작했다. 부부가 겁이 나 뛰어서 바삐 집으로 돌아온 뒤에도 산에서 밤새도록 말이 우는 소리가 들려왔다. 새벽이 되어서야 말 울음소리가 그치고 말은 어디론가 사라졌는데 후에 사람들은 만일 그 아기가 살아서 어른이 되었더라면 백제는 멸망하지 않았을 거라고 몹시 아쉬워했다고 한다.

53 한골

은진면 방축리에 한골이라는 마을이 있는데 이 마을 이름에는 흥미 있는 전설이 전해오고 있다.

옛날 이 마을에 부지런한 농부가 한 사람 살고 있었다. 어찌나 부지런한지 새벽 별이 지기 전에 일어나서 초저녁별이 나타나기 전까지는 일터에서 쉰 적이 없었다. 그가 그처럼 열심히 일을 하고 살게 된 데에는 그만한 이유가 있었다. 그는 일찍 부모를 여의고 남의 집에서 자랐다. 그때부터 그는 부모로부터 물려받은 것이 아무 것도 없기 때문에 남보다 더 많이 노력해야 부자가 될 수 있다고 생각하고 정말 열심히 일했다. 해가 뜨기 전에 일어나서 일터에 나가고 해가 진후 집에 돌아와서도 밤늦게까지 열심히 일을 했다. 그렇게 일한 보람으로 약간의 돈이 모이자 그는 그 돈으로 돼지새끼를 한 마리 사서 키우기 시작했고 또 돈이 좀 모이자 돼지새끼를 한 마리 더 사서 키웠다. 이런 식으로 해서 돼지새끼를 여러 마리 키워 그 돼지새끼들이 다 컸을 때 그것들을 팔고 송아지 한 마리를 샀다. 송아지가 자라 소가 되자 그 소는 땅을 사는 밑천이 되었다. 그는 계속 송아지를 사서 키운 다음 그 소를 팔아 땅을 사는 일 반복했다. 이렇게 하자 그는 점차 더 많은 땅을 사게 되어 이제는 열 마지기나 되는 땅을 소유하게 되었다. 이제는 어느 정도 편안한 생활을 할 수 있을 만큼 재산을 가지게 되었지만 그는 그에 만족하지 않고 더욱 부지런히 일을 해나갔다.

그는 서른 살이 되어서 집을 짓고 장가를 갔다. 그가 집을 짓고 장가가던 해부터 마을에 새가 모여들기 시작했다. 그의 집 광속에 곡식 가마가 늘어날수록 그의 집 지붕 위에는 새가 떼로 모여들었다. 마당에 벼를 멍석 위에 깔아 놓으면 새들은 주인이 보거나 말거나 떼로 날아와서 곡식을 먹었다. 그럴 때마다 농부는 새를 잡으려 하지 않고 팔을 흔들어 새를 쫓는 것이 고작이었다. 그래서 새들은 그를 겁내지 않게 되었다. 새들은 그가 쫓으면 달아나는 척하다가 다시 날아와서 곡식을 쪼아댔다. 그 뿐만 아니라 한조라고 하는 새는 그 농부의 광속에 집을 짓고 새끼까지 치며 몇 쌍이 배짱 좋게 살고 있었다. 하지만 주인은 그 광속의 새들을 쫓아내질 않았다. 그는 노인들로부터 이 마을에 한조라는 새가 서식하는 것은 마을이 아주 잘 되고 있는 징조라는 말을 듣고는 아예 한조를 쫓아낼 생각조차 하지 않았다. 마을 사람들도 이제 마을 이름을 한조골이라고 부르기 시작했다.

해마다 마을에 풍년은 계속되었다. 그런 풍년에 대해 농부는 하나님이 자기를 도와주는 것이라고 생각해 고마움을 잊지 않았다. 농부는 재산이 자꾸 불어나고 농토가 많아지자 이제 혼자 힘으로 농사를 지을 수가 없어 머슴을 두 명 두었다. 이제 머슴이 있어서 자기는 좀 쉬어도 되건만 그 농부는 결코 쉬지 않았다. 오히려 그는 머슴들보다 더욱 열심히 일을 하였다. 아침에는 머슴들보다 일찍 일어나고 저녁에는 머슴들보다 늦게 잤다. 그처럼 그는 묵묵히 일을 해 나갔다.

그런데 어느 날 식구들과 함께 점심을 먹고 모두 마루에 앉아

쉬고 있는데 머슴 하나가 광속에 들어가더니 한조를 양손에 가득 잡아들고 나왔다.

"요놈들이 염치가 있지. 남이 곡식을 거두어 놓으니까 자기들 마음대로 쪼아대? 광속에 새집도 짓고 말이야."

그 머슴은 이렇게 떠들어대며 한조를 한 마리 땅에 내동댕이쳤다. 이것을 본 주인이 기겁을 하고 말리려고 하는데 그 사이 그 머슴이 양손에 들었던 나머지 새들을 한꺼번에 땅에 힘껏 내동댕이쳐 모두 죽이고 말았다.

그날 이후부터 어찌된 일인지 그 집 지붕 위에는 새가 한 마리도 보이지 않게 되었고 살아남은 한조 새들도 모두 어디론가 날아가 버리고 말았다. 그러자 마을에는 안 좋은 일들이 생기기 시작했고 그 해 농부의 집에도 흉년이 들었다. 농부는 안 되겠다 싶어 진국을 돌아다녀 한조를 잡아왔다. 그가 잡아온 한조를 자기 집 광속에 넣고 키우자 차츰 다시 집안이 번성해 갔다고 한다.

오늘날 그 마을 이름이 한조골에서 한골로 바뀐 것은 마을에서 새들이 날아갔다고 하여 마을이름에서 새를 뜻하는 "조"자를 떼어 내어 불렀기 때문이라고 한다.

54 부인처면

논산군 부적면은 부인처면과 적곡면이 합친 것인데 부인처면이라는 이름에는 다음과 같은 이야기가 전해지고 있다.

고려를 세운 왕건은 어떻게 해서든지 삼국을 통일하여 옛 고구려땅을 회복하려고 고심했다. 그러기 위해서는 먼저 후백제를 쳐야하는데 그 세력이 너무나 막강해서 왕건은 갖은 지략을 다 짜서 공격했지만 후백제는 좀처럼 패망하지 않았다.

왕건은 군사들을 이끌고 지금의 전주지방으로 진군하기 위하여 연산에 이르렀다. 왕건은 여기서 적정을 살피기 위하여 야영을 하게 되었는데 이날 밤 꿈을 꾸었다. 그것은 왕건이 솥을 머리에 쓰고 물속에 들어가는 꿈이었다. 꿈에서 깨어난 왕건은 마음이 언짢았다. 가뜩이나 군사적으로 열세에 놓여 있어서 걱정을 하고 있던 왕건으로서는 그럴 수밖에 없었다.

"솥을 쓰고 물속으로 들어가다니……"

왕건은 이상한 생각이 들었다. 그것은 아무래도 싸움에서 패하고 왕건 자신이 땅속에 묻히는 꿈만 같았다. 아무리 좋게 해몽을 하려고 해도 좋은 뜻이 아닌 것 같았다. 왕건은 이런 꿈으로 인하여 전진을 하지 못하고 고심하다가 마침 그곳에서 멀지 않은 곳에 꿈을 잘 해몽하는 부인이 있다는 소문을 들었다. 왕건은 백성들처럼 평복을 갈아입고 부하들 몰래 그 부인을 찾아갔다.

"계십니까?"

왕건이 사립문 앞에서 주인을 찾으니까 열 살 가량 되는 계집아이가 나오면서 왕건을 보고 싱긋 웃더니,

"손님 해몽하러 오셨군요."

"그렇단다."

"어머니는 밖에 나가시고 집에 안 계신데 제가 대신 해몽해 드리지요."

"그래?"

"저도 어머니 못지 않게 해몽할 줄 아니까 걱정 말고 어서 꿈 이야기를 해보시지요."

왕건은 속으로 주저했으나 계집아이가 너무 성급하게 다그치는 바람에 꿈 내용을 말하지 않을 수 없었다. 왕건이 꿈 이야기를 마치자 계집아이는 눈을 껌벅껌벅하며 무엇인가 생각하더니 "솥을 쓰고 물에 들어갔다! 솥을 쓰고 물에 들어갔다?" 이렇게 중얼거리면서 왕건을 빤히 바라보았다. 왕건은 무엇인가 두려운 생각 때문에 계집아이를 똑바로 바라볼 수가 없었다.

"당신은 평민처럼 보이지만 실은 귀족이 틀림없으며 큰 뜻을 가지고 있으니 죽을 신수입니다. 무거운 솥을 쓰고 물속에 들어갔으니 살 수 있겠습니까? 그러니 손님은 앞으로 절대 조심하셔야 합니다."

왕건은 이 말을 듣고 사색이 된 채 그 집 대문을 나오다가 한 부인과 마주쳤다. 그 부인은 왕건을 보더니,

"잘 오셨습니다. 당신 같은 귀인은 보기에 처음입니다."

"네?"

"그런데 얼굴에 수심이 가득한 것을 보니 우리 집 딸아이한테 무슨 소리를 들은 모양입니다. 그 애는 버릇이 없어서 그러니 염려하시지 말고 어서 제 방으로 들어가시지요. 제가 다시 해몽을 해 드리겠습니다."

왕건은 부인을 따라 방으로 들어갔다. 부인은 자리에 앉자마자 꿈 이야기를 물었다. 왕건이 꿈 이야기를 했다. 꿈 이야기를 듣고 부인이 말하기를 "당신은 평복차림이나 천하에 없는 귀인이니 솥을 머리에 쓴 것은 왕관을 말함이요, 물속으로 들어간 것은 용궁을 말함이니 당신은 지금 천하를 다스리는 임금이거나 아니면 앞으로 임금님이 될 분입니다."라고 했다.

왕건은 비로소 안도의 한숨을 쉬었다. 그리고 군사들을 이끌고 적진으로 달려가 후백제를 치고 삼국을 통일하였다.

그 뒤 왕건은 해몽을 해준 부인을 잊지 않기 위하여 그녀에게 부인당이라는 집을 하사하였고 또 그 부인이 사는 곳을 부인처면이라 명명했는데 이 지명이 계속 사용되어 오다가 일제시대 때 행정구역 개편으로 부인처면은 적곡면과 통합하여 부적면이 되었다고 한다.

55 송불암 미륵불상

연산면 연산리에 송불암이라는 암자가 있는데 이곳에는 청룡이 마치 머리를 풀고 하늘로 올라가는 형상을 한 큰 소나무가 한 그루 있고 그 아래에는 미륵불상이 서있다. 이 미륵불상에는 광산 김씨 씨족과 얽힌 이야기가 전해진다.

지금부터 천삼십 년 전 고려 초에 광산 김씨의 조상 한 분이 열심히 공부하여 마침내 과거에 급제하여 벼슬을 하게 되었고 그에 더하여 서울의 양가집 규수와 결혼하여 행복한 삶을 살게 되었다. 그런데 이게 무슨 액운일까? 결혼한 지 일주일도 되기 선에 신랑이 갑자기 병사한 것이다. 신부의 슬픔은 이루 말 할 수 없었다. 이제 갓 결혼하여 남편이 운명하였으니 여자로서 이보다 더 큰 슬픔이 어디 있겠는가. 거기다가 그 당시에는 신부가 신행하기 전에 신랑이 죽으면 신랑 측에서는 그 신부를 며느리로 맞아들이려 하지 않는 풍습이 있었는데 그녀가 신행하기 전에 남편이 죽었으니 그녀는 어떻게 해야 좋을지도 몰랐다. 어쨌든 남편의 장례를 치른 그 여인은 슬픔에 잠겨 며칠째 계속 방안에만 누어있었는데 하루는 뱃속에서 태기가 돌더니 시간이 지날수록 배가 불러오기 시작했다. 해산할 달이 가까이 다가오자 신부는 이제 친정에 더 머물러서는 안 되겠다고 생각하고 몸종 하나를 데리고 시댁을 향하여 길을 나섰다. 그녀는 길을 떠나긴 했지만 걱정이 이만저만이 아니었다. 시댁에서 자기를 며느리로 받아 줄 것인가 하는 문제로 그녀는 걱정이 태산이었다. 그녀가 이런 불안을 안고 천리 길을 걸어 발이 부르트는 고생 끝에 시댁에 다다랐을 때 몸은 피로하여 기진맥진이었다. 그녀는 먼저 몸종을 시켜 자기가 도착한 것을 알렸다. 그러자 시아버지가 안방 문을 열고 내다보더니 "나는 며느리가 없느니라." 하면서 문을 꽝 닫아 버리는 것이었다. 그녀가 예상한 일이긴 했지만 그녀의 눈에서는 눈물이 핑 돌았다. 그녀는 그대로 물러나지 않겠다고 결심하고 하인을 시켜 마당 앞에 멍석을 가져오게 하여 그 위에 무릎을 꿇고 앉아 들어오라는 명령이 있기를 기다렸다. 시간이 흘렀지만 시댁의 집안에서는 아무도 그녀를 내다보지 않았다. 그녀는 다리도 아프고 몸도 여기저기 이상이 있는 듯 했지만 꾹 참고 앉아 있었는데 그 사이 어느덧 어둠이 내리기 시작하고 하늘에서 눈도 내리기 시작했다.

눈은 자꾸만 계속 내렸고 어둠이 짙게 깔렸는데도 처마에는 등불하나 켜 있지 않았다. 잔잔히 내리는 눈은 가끔 추운 바람이 부는 가운데 그녀의 옷과 머리에도 쌓여갔다. 이때 "쿵"하는 소리가 나더니 또 한 번 "쿵"하는 소리와 함께 황소만한 호랑이 두 마리가 나타나 그녀의 둘레를 빙빙 돌기 시작했다. 호랑이들은 계속 돌면서 꼬리로 그녀가 앉아 있는 멍석위에 쌓인 하얀 눈을 쓸어 버려서 눈이 한참 내렸는데도 멍석위에는 눈이 하나도 쌓여 있지 않았다. 바깥일이 궁금해서 문틈으로 밖을 살피던 시아버지는 그 광경에 깜짝 놀라지 않을 수 없었다. 그는 이것이 예삿일이 아니라고 생각하고 즉시 하인을 시켜 그녀를 안방으로 들어오게 하였다. 방으로 들어오자마자 그녀는 해산기를 느끼기 시작했는데 몇 시간 후 그녀는 아주 잘 생긴 아들을 낳았다. 그 아들은 어머니의 사랑을 혼자 온 몸에 받으며 무럭무럭 자랐고 그래서 어느덧 씩씩한 청년이 되었다.

어느 날 그가 사랑채에서 책을 읽고 있는데 한 스님이 나타나 하룻밤 묵어가길 청했다. 그 스님이 다음 날 떠나면서 아들에게 이르기를 당신 어머니는 어느 날 어느 시에 돌아가시겠다고 말하였다. 이 말을 듣고 아들은 무슨 뚱딴지같은 소리를 하느냐면서 꾸중을 하자 스님은 아무 말도 없이 떠나가 버렸다. 그런데 참으로 이상한 일이 아닌가. 그 스님이 말한 그 날 그 시간이 되자 그 아들의 어머니는 스님의 말대로 세상을 떠나고 말았고 그 때 어머니의 죽음을 예언했던 그 스님이 다시 나타났다. 아들은 이 스님이 보통 스님이 아니라는 것을 깨닫고 어머니가 묻힐 산소자리를 정해 달라고 간청했더니 그 스님은 호암골(지금의 연산면 고정리)에 지표를 해 주면서 “여기가 좋은 자리요, 하지만 지켜주어야 할 일이 있소. 내가 황령재를 넘어 가거든 땅을 파기 시작하시오”라고 당부한 다음 길을 떠났다. 그러나 인부들은 일을 서둘러 끝내기 위해 그 스님이 황령재를 넘기도 전에 땅을 파기 시작했다. 그랬더니 땅을 얼마 파지도 않았는데 땅속에서 갑자기 주먹만 한 왕벌이 날아 나오더니 황령재를 향해 가던 스님에게로 날아가 그 스님에게 벌침을 쏘았다. 그 자리에서 스님은 즉사하고 말았다. 그 뒤 광산 김씨 문중에서는 그 스님의 넋을 달래기 위해 그 스님이 죽은 자리에 미륵불상를 세웠는데 이것이 지금의 송불암 미륵불상이다. 그 후 소나무 하나가 미륵불 곁에서 자라나 나뭇가지가 울창해지면서 마치 청룡이 머리를 풀고 하늘로 오르는 형상으로 미륵불을 보호하고 있는 듯한 모습인데, 이 소나무 가지가 빳빳하게 하늘을 바라보면 나라에 좋은 일이 생기고, 나뭇가지가 아래로 내려쳐져 땅에 닿으면 나라에 불행한 일이 생긴다고들 한다.

56 개태사

연산면 천호리에 개태사라고 하는 절이 있다. 이 절은 고려 태조 왕건이 후백제를 정벌하고 죽은 병사들의 명복을 빌기 위해 지은 절인데 이 절에는 다음과 같은 전설이 전해오고 있다.

개태사의 대웅전에는 커다란 돌부처 셋이 나란히 서 있었다. 이 돌부처들은 아미타불과 관세음보살과 대세지보살인데 이 삼존석불은 불신자들에게 많은 영험을 나타내서 신자들이 많이 몰려왔다고 한다.

임진왜란이 터져 왜적들이 한양을 점령하고 사방으로 노략질을 하면서 우리 민족을 괴롭히고 있을 때 연산의 개태사에도 왜적의 일부가 밀려들어왔다. 그런데 이 때 개태사 스님들은 피난을 가지 않고 부처님에게 나라의 호국을 매일같이 빌고 있었다.

왜적들이 절 안에 들어서면서 스님들을 찾았으나 아무도 나가지 않고 모두 대웅전에 있는 삼존석불 앞에서 불공을 드리고 있었다. 왜적들은 스님들을 찾기 위해 절간에 있는 방문을 모두 열어젖히며 야단을 떨기 시작했다. 그들이 마침내 대웅전 문 앞에 와서 그 문을 열어 제치는 순간 관세음보살이 이상한 빛을 발사하여 그 빛을 쬔 왜적들은 모두 그 자리에서 쓰러져 죽어갔다. 그 빛을 쬐지 않은 다른 왜적들은 그 광경에 겁을 먹고 모두 도망쳐 버렸다.

이 소식을 들은 왜적의 대장은 부하들이 전한 말이 거짓말 같았다.

"그래 부처님을 쳐다보았더니 죽었다고?"

그는 믿을 수 없다고 판단하여 자신이 직접 개태사로 와서 부처님을 두 눈으로 보기로 하였다. 그가 대웅전 앞으로 와 문을 힘껏 열어젖히고 그 안을 살펴보았으나 이상한 빛은 보이지 않았다. 화가 나 있는 왜군대장은 차고 있던 칼을 빼어들어 삼존석불 중 아미타불의 허리를 내리쳤다. 왜군대장의 힘이 어찌나 센지 아미타불의 허리가 잘리었다. 왜군대장은 다시 칼을 들어 이번에는 그 옆의 부처를 내리쳤다. 그러자 대세지보살의 목과 허리가 잘려나갔다. 의기양양한 왜군대장은 마지막 남은 부처를 쳐다보았다. 그러자 그 때 관세음보살이 이상한 빛을 발하기 시작했다. 왜군대장은 잠시 머뭇거리다가 칼을 다시 높이 들어 있는 힘을 다해 내리쳤다. 그 순간 왜군대장은 놀라지 않을 수 없었다. 그가 휘두른 칼이 관세음보살의 몸에 닿는 순간 칼이 튕기면서 저만큼 나가떨어지는 것이 아닌가? 그러나 왜군대장은 그에 굴하지 않았다. 그가 다시 칼을 주워들어 이를 악물고 다시 내려치려고 하는 순간 그는 손이 부들부들 떨리고 발이 움직여지지 않았다. 그리고 그 다음 순간 그는 입을 딱 벌린 채 그 자리에 쓰러져 죽고 말았다. 이리하여 개태사의 관세음보살은 화를 면하고 오늘날까지 원형을 그대로 전해오고 있다. 그 후 개태사에는 왜적들이 쳐들어오지 못했다.

그런데 이런 일이 있은 뒤부터 개태사 근처에 있는 마을에서는 원인모를 불이 자주 일어나 집과 논밭이 타기도 하고 마을 전체가 불길에 싸이는 경우도 있었다. 마을 사람들이 불이 어째서 일어나는지 그 원인을 조사하였지만 아무리 살펴보아도 알 수 없었다. 그래서 마을사람들은 논의한 끝에 개태사의 잡귀가 하는 짓 같으니 제사를 지내는 게 좋겠다는 의견을 모으고 무당을 불러다 굿을 하고 제사를 지냈지만 아무런 소용이 없었다. 개태사를 중심으로 한 여러 마을에는 여전히 불이 끊이지 않고 일어날 뿐이었다. 그러던 어느 날 아랫마을에 사는 할머니가 밤에 이상한 꿈을 꾸었다. 꿈에서 할머니는 부처님을 만났는데 부처님은 개태사의 불상들을 원상태로 해놓고 관세음보살에게 기도를 드리면 될 것이라고 말했다. 그 다음날 그 할머니는 마을 사람들과 함께 개태사로 올라와서 손상된 돌부처들을 원상태로 복구하고 관세음보살에게 정성껏 불공을 드렸다. 그랬더니 그 다음부터는 불이 나지 않았다고 한다.

57 말고개와 여우고개

연산면 청동리에는 땅 속에서 말이 나왔다는 말고개가 있고 그 앞에는 여우가 나왔다는 여우고개가 있는데 여기에 얽힌 이야기는 다음과 같다.

옛날 황산벌에 박씨 성을 가진 가난한 농부 한 사람이 살고 있었다. 박서방은 부지런하고 마음씨가 착했지만 돈을 모을 줄 몰라 남의 집 머슴살이만을 하고 지냈다. 그는 워낙 부지런하고 성품이 착해 주인이 시키지 않아도 농사일을 자기 일처럼 척척 해 내었다. 그는 아침에 일찍 일어나서 우선 소 먹일 풀을 베어오고 밭에 나가 거름을 주는가 하면 산에 가서 나무를 한 짐 해 오고 나서야 아침 밥상을 받았다. 그런데 이상하게도 하루는 몸이 아파 일어날 수가 없었다. 전날 밤부터 아프기 시작하여 한 밤을 뜬 눈으로 새운 그는 새벽 첫 닭 울음소리를 듣고서도 몸을 일으킬 수 없었다. 아무리 일어나려고 해도 몸이 말을 듣지 않았다. 그가 방에서 허리를 구부리고 누워 있는데 주인 마누라의 목소리가 들렸다.

"아이고 참! 오늘도 바쁜 일이 많은데 어째서 소 먹이가 떨어졌지?"

그는 주인 마누라의 성미를 잘 알고 있는지라 그 소리가 듣기

싫어서 기를 쓰고 일어났다. 간신히 몸은 일으켰지만 눈앞이 핑핑 돌았다. 그 때 또 주인 마누라의 목소리가 들려왔다.

"어머나! 하늘이 온통 먹구름이네. 비가 올 것 같은데 어쩌지? 헛간에 장작이 있어야 하는데."

박서방은 그 말이 자기 들으라고 하는 소리라는 것을 알기에 있는 힘을 다하여 문을 열고 밖으로 나왔다. 다리가 후들후들 떨리고 힘이 없었지만 아랫다리에 힘을 주고 지게를 짊어졌다. 작대기에 힘을 주고 비틀거리며 사립문을 나서는데 주인 마누라가 못마땅한 눈초리로 자신을 째려보고 있었다.

그는 천천히 산으로 걸음을 옮겼다. 산비탈에 도착했을 때 지게를 땅에 세우고 낫을 들었으나 팔을 움직일 수 없었다. 그래서 풀을 베다가 그만 그 자리에 눕고 말았다. 잠시 후 하늘에는 먹구름이 덮이기 시작했다. 그는 물 한 모금 마시지 못하고 그냥 누워 있었다. 얼마나 누워 있었는지 모른다. 그가 눈을 뜨고 일어났을 때는 산 아래에 있는 마을에서 저녁 연기가 모락모락 피어오르고 있었다. 시간이 많이 흘러 그는 할 수 없이 집으로 발길을 돌리려고 하는데 어디선가 말울음 소리가 들려왔다.

"어라! 이 산 속에서 웬 말 우는 소리가 들릴까?"

그는 주위를 살펴보았지만 말이라고는 아무것도 보이지 않았다. 그러나 그가 산 아래로 몇 발걸음을 옮기는데 다시 "히히힝" 하고 자기가 서 있는 발밑에서 말울음 소리가 나는 것이었다.

"이게 웬 일이야? 땅속에서 말울음 소리가 들리다니."

박서방은 겁이 더럭 나서 얼른 지게를 들쳐 메고 뒤도 돌아보지 않고 산을 내려왔다. 그가 빈 지게를 지고 주인집으로 들어서자 집주인이 무서운 눈으로 자신을 노려보았다.

"아니 여태까지 무엇을 했기에 빈 지게로 뻔뻔스레 돌아오지? 그래가지고 무슨 낯짝으로 밥을 먹으러 들어오는 거야?"

주인은 이렇게 소리를 지르며 박서방을 내쫓았다. 그는 지게를 진 채 다시 사립문을 나섰다. 벌써 어둠이 짙어지기 시작했다. 그는 정처 없이 걸었다. 어디를 가는지 한동안 그냥 걷다보니 근처에서 말 우는 소리가 들렸다. 정신을 차려보니 낮에 자기가 누워 있었던 산중에 와 있었다. 여전히 말울음 소리가 자기 발밑에서 들렸다. 그는 이번에는 이상한 생각이 들어 그 곳을 파보았다. 있는 힘을 다해 흙을 파내는데 갑자기 금안장을 한 말 한 마리가 나와서 하늘로 오르는 것이 아닌가. 그리고 나서 또 계속 말들이 한 마리씩 흙 속에서 나와 하늘로 올라갔다. 모두 20 마리였다. 그가 넋을 잃고 하늘로 떠오른 말들을 쳐다보고 있는데 마지막으로 오른 말이 바로 자기가 서 있는 앞에 무엇을 떨어뜨렸다. 그것은 씨앗 주머니였다. 그는 그 주머니를 가지고 주인집으로 돌아간 후 그 다음 날 아침에 산 아래 임자 없는 밭에 가서 씨앗을 꺼내 심었더니 다른 농가가 모두 흉년이 든 그 해 가을 박서방만은 크게 풍년수확을 거두었다. 이렇게 계속 몇 년 동안 박서방은 풍년수확을 거두었다. 그래서 이제 박서방은 큰 부자가 되었다. 그동안 박서방의 옛 주인은 그가 그렇게 부자가 된 것을 늘 이상하게 여기고 있었다. 그러던 어느 날 집주인이 집으로 돌아가는 길에 우연히 박서방을 만났을 때 그에게 부자가 된 비결을 묻자 박서방이 사실대로 말해주었다. 박서방으로부터 자초지종을 들은 집주인은 자기도 부자가 되어야겠다고 욕심을 부려 인부를 데리고 박서방이 올랐던 그 산에 올라 땅을 파기 시작했다. 그랬더니 이번에는 여우 20마리가 땅 속에서 갑자기 나오더니 집주인을 물고 어디론가 사라졌다.

이런 일이 있은 뒤부터 사람들은 말이 나온 고개를 말고개라 하고 여우가 나온 고개를 여우고개라고 했다.

58 상사바위

벌곡면 덕곡리에 두 개의 산이 마주 서 있는데 그 산꼭대기에는 똑같이 바위가 하나씩 서있다. 이 바위들을 상사바위라고 부르는데 두 개의 바위는 마치 서로를 그리워하고 있는 것처럼 보인다.

조선시대 중엽이었다. 덕곡리의 한 마을에 마음씨 좋은 농부가 아내와 딸 한명과 함께 살고 있었다. 그들은 식구가 단출했기 때문에 먹고 살기가 그렇게 구차하지 않았다. 봄, 여름에 부지런히 일을 하면 한 해를 편안하게 지낼 수 있었다. 또한 틈틈이 산에 가서 약초를 캐 시장에 나가 팔았기 때문에 적지 않은 돈도 모을 수 있었다. 이 날도 농부는 산으로 약초를 캐러 갔다. 한참동안 산을 헤매면서 약초를 캐다가 그는 어떤 청년이 숲속에 쓰러져 있는 것을 발견하였다.

"저런, 저걸 어쩌나!"

농부는 얼른 청년을 들쳐 업고 집으로 돌아왔고 아내와 딸을 시켜 청년을 열심히 간호했다. 얼마간 시간이 지나자 청년은 의식이 돌아왔는데 알고 보니 그 청년은 이 고을 원님의 아들로서 말을 타고 혼자 사냥을 나왔다가 말에서 떨어져 의식을 잃고 쓰러져 있던 중이었던 것이다. 청년은 의식을 찾았지만 몸은 완쾌되지 않아서 농부의 집에서 얼마동안 머물기로 했다.

청년이 농부의 집에서 머무는 동안에도 농부와 그의 아내는 일을 하기 위해 낮에는 밖에 나가야 했고 그런 이유로 그들이 산이나 밭에 가서 집에 없을 때에는 농부의 딸이 그 청년을 간호할 수밖에 없었다. 딸은 헌신적으로 열심히 청년을 간호했는데 그러다가 어느덧 그들은 친해졌고 서로 사랑하기에 이르러 잠시라도 서로를 보지 않으면 견딜 수 없는 관계가 되었다. 사랑에 빠진 그들은 밤에는 여자의 아버지 몰래 마을 뒷산에 오르기도 하고 더러는 손을 잡고 산비탈을 내려오기도 하였다.

원님의 아들은 이제 몸이 다 나아 집으로 떠나기로 한 전날 저녁 그는 농부의 딸과 함께 마지막으로 뒷산에 올랐다. 뒷산 꼭대기의 한 바위에 앉아 그 청년은 농부의 딸과 함께 막 떠오른 둥근 달을 바라보며 앞으로의 결혼을 약속하면서 부모의 승낙을 받아 바로 돌아오겠다고 말했다. 그들은 잠시의 헤어짐이 안타까웠지만 다가올 행복을 위해 참기로 했다. 그 이튿날 아침 원님의 아들은 마침내 그곳을 떠나고 말았다.

원님의 아들이 떠난 뒤 농부의 딸은 마치 정신이 나간 사람만 같았다. 그녀는 며칠 되지 않았지만 원님의 아들과 아주 깊은 정이 들었던 것이었다. 그녀는 틈만 나면 원님의 아들과 마주앉아 결혼을 약속했던 그 바위에 앉아서 원님의 아들이 돌아오기를 기다렸다. 처음 기다림의 시간은 즐겁고 행복했다. 그러나 그 기다림이 오래 갈수록 그녀는 초조하고 불안해졌다.

한편 집으로 돌아간 원님의 아들은 사냥을 갔다가 생긴 이야기를 모두 부모에게 말했다. 그리고는 부모에게 그 농부의 딸과의 결혼을 승낙해 달라고 청하였다.

"뭐라고? 산골처녀하고 결혼을 하겠다고? 안 돼! 그렇게 천한 출신의 여자애하고는 결혼시킬 수 없어."

아들의 결혼승낙 요청에 그의 부모는 크게 꾸지람하며 반대했다. 그리고는 그의 부모는 그 고을에서 명망 있는 양가집 처녀와의 결혼을 서두르기 시작했다. 원님의 아들은 안타까웠지만 부모의 말을 거역할 수가 없었다. 그래서 그는 마침내 그 양가집 처녀와 결혼을 하게 되었다.

원님의 아들이 양가집 처녀와 결혼하기로 한 날이 되었다. 농부의 딸은 이날도 뒷산에 있는 바위에 앉아 원님의 아들이 돌아오기를 기다리고 있었다. 한 낮이 되었을까. 원님의 아들이 말을 타고 오고 있는 것이 농부의 딸의 눈에 들어왔다. 그뿐만 아니라 그 뒤에는 화려한 옷을 사람들이 길에 길게 한 줄로 늘어서서 이쪽으로 오고 있는 것이 아닌가? 농부의 딸은 이 광경을 보고 가슴이 마구 뛰고 기분이 너무 황홀했다. 얼굴에 저절로 미소가 떠올랐다. 드디어 사랑하는 님이 돌아온 것이다. 그녀는 바위에서 벌떡 일어나 소리쳤다.

"도련님!"

그녀는 자기도 모르게 힘차게 원님의 아들을 불렀다. 그러나 이게 웬일인가? 원님의 아들은 이쪽을 바라보지도 않고 마을을 지나쳐 가는 것이 아닌가. 사실 그는 지금 다른 처녀와 결혼하러 길을 가는 중 농부의 딸의 마을을 지나가던 중이었던 것이다. 잠시 후 농부의 딸도 그 사실을 알게 되자 충격에 빠졌다. 비참에 빠져 바위 위에 서서 비틀거리던 농부의 딸은 불행히도 그 바위에서 떨어져 죽고 말았다. 그러자 갑자기 회오리바람이 세차게 불기 시작했다. 바람이 어찌나 센지 길을 가던 원님의 아들이 그 바람에 휩쓸려 맞은 편 산꼭대기로 날아가 떨어져 죽고 말았다.

그 뒤 그 산 꼭대기에 없던 바위 한 개가 생겨났는데 원님의 아들이 떨어졌던 자리에서 생겨난 그 바위는 머리를 약간 옆으로 돌리고 있다. 사람들은 이 바위와 그 맞은편에 있는 농부의 딸이 사랑하는 님을 기다리던 바위를 합쳐 상사바위라고 부르는데 지금도 결혼을 앞 둔 사람들은 이 두 산 밑을 피해서 다른 곳으로 길을 다닌다고 한다.

59 올문

가야곡면 등리의 냇물에는 다른 곳에서는 볼 수 없는 올문이라는 물고기가 살고 있었다. 이 물고기에는 다음과 같은 전설이 전하여 오고 있다.

옛날 이곳에는 어느 양반 가족이 살고 있었는데 그 양반집은 끼니조차 잇기가 힘들 정도로 가난한 집이었다. 그 집이 처음부터 가난하지는 않았지만 어느 해부턴가 가세가 기울기 시작하더니 갑자기 몰락하여 다시 일어나기 힘들 정도로 빈털터리가 되었던 것이다.

"늙은 부모가 살아 계신데 앞으로 어떻게 살아간단 말인가?"

그 양반집의 외아들은 이렇게 탄식을 하며 한숨을 내쉬었다. 정말 생각할수록 앞이 캄캄한 일이었다. 외아들의 아내도 한숨을 몰아쉬는 남편의 표정을 바라보며 눈물을 흘렸다.

그러나 이들보다도 더 괴로워하고 있는 것은 외아들의 부모였다. 양반의 체면상 남의 집에 다니면서 날품을 팔 수도 없는 일인데 당장 먹을 것이 없으니 말이다.

"이 일을 장차 어떻게 한단 말인가?" 늙은 두 사람은 이렇게 말하면서 탄식을 하였다. 정말 기가 막히고 답답할 노릇이었다. 그렇다고 부모된 처지에 아들과 며느리에게 이런 마음을 이야기 할 수도 없었다. 늙은이 내외는 마음속으로 가슴을 태우다가 그만 홧

병에 걸리고 말았다. 그들은 끼니때가 되어도 밥을 먹지 않았다. 밥맛이 있을 리도 없었겠지만 고기가 없으면 숟가락을 들지 않는 이들은 홧병까지 겹쳐서 밥상을 거들떠보지도 않았다.

이를 잘 알고 있는 아들은 아들대로 더욱 괴로운 일이었고 며느리는 며느리대로 남편 이상으로 괴로워했다.

"이러다가 부모님들의 병이 더욱 악화되면 어떻게 하지요?"

며느리는 이렇게 말하며 걱정을 하였다.

"글쎄, 나도 그것 때문에 걱정이오."

"어떻게 고기를 구해서 드리면 진지를 잡수실지도 모르는데요."

"그런데 고기를 구할 돈이 있어야지."

이들 내외는 밤새도록 이렇게 이야기를 주고받다가 냇가에 가서 고기를 잡기로 하였다. 이튿날 아침에 며느리는 설거지를 마치고 남편과 함께 냇가로 나갔다. 그들은 소쿠리로 풀섶을 훑었다. 그러나 고기는 한 마리도 잡혀 나오지 않았다. 그래도 그들은 단념하지 않고 열심히 고기를 훑고 다녔다. 이렇게 열심히 고기를 잡으려고 했지만 하루 종일 잡은 것은 보리새우 몇 마리뿐이었다.

아들과 며느리는 보리새우 몇 마리를 들고 터덜터덜 집으로 들어가기가 안 되었지만 어쩔 수 없었다. 그 이튿날도 그들은 냇가로 나갔다. 하지만 이날도 여전히 허탕이었고 그 다음날도 마찬가지였다.

그런데 어느 날 그들은 평소처럼 냇가에서 풀섶을 훑다가 밭에 다녀올 일이 생겼다. 그들은 소쿠리를 냇가에 있는 풀섶에 놓아두고 밭으로 갔다. 그들은 밭에 가서 고기 잡는 일을 잊고 열심히 밭일을 돌보다가 저녁때가 되어서야 냇가로 도로 내려왔다. 그랬더니 냇물 상류 쪽에서 송사리보다 더 작은 물고기들이 열을 지어 헤아릴 수도 없이 많이 내려오더니 냇물 속에 비스듬히 잠긴 소쿠리 속으로 들어가서는 나오질 않는 것이었다. 아들과 며느리는 두 눈이 휘둥그레져서 그 모양을 쳐다보다가 얼른 소쿠리를 건졌다. 그랬더니 이게 웬일인가? 소쿠리 속에는 민물새우보다 더 작은 물고기들이 가득 들어가 있었다.

그들은 너무나 기뻐서 그것을 들고 집으로 돌아와 된장에 끓여서 늙은 부모님들께 드렸다. 부모님들은 그제야 숟가락을 들어 그 찌게를 모두 먹었다. 이런 일이 있은 뒤에 부모님들은 병석에서 일어날 수 있었다. 그리고 이를 알게 된 마을 사람들은 하느님이 이들의 효성에 감동하여 선물을 내리신 것이라고 말했다.

이 작은 물고기는 이 지방에서만 서식하는 것으로 그 이름을 을문이라고 하는데 이 물고기들은 지금도 해가 뉘엿뉘엿 질 때쯤에는 열을 지어 냇가를 내려온다고 한다.

저 자 소 개

송 관 용

- 고려대학교 영어영문학과 졸업
- 고려대학교 영어영문학과 대학원 석 · 박사과정 졸업
- 현 국립 공주대학교 관광학부 관광영어통역학전공 교수 재직 중

이 저서는 "2008년 공주대학교 자체학술연구지원사업"에 의하여 제작되었음

충남지역의 전설

인　쇄 : 2011년 6월　7일
발　행 : 2011년 6월 10일

저　자 : 송　관　용
발행인 : 박　상　규
발행처 : 도서출판 보 성

주　소 : 대전광역시 동구 삼성2동 318-31
Tel : (042) 673-1511 / Fax : (042) 635-1511
등록번호 : 61호
ISBN 978-89-6236-057-8 03980

【정가 12,000원】